SUHOBI'S POLYMER CLAY

수호비의 폴리머클레이

도리북스

수호비의 **폴리머클레이**

1판 1쇄 펴낸 날   2016년 9월 22일

지은이   배향화

기획·편집   신이수
디자인·사진   김미정

펴낸이   신이수
펴낸 곳   도림북스
            서울시 강남구 삼성로 61길 11-2
팩스번호   (02)543-1217
출판등록   제2014-000184호
홈페이지   www.dorimbooks.com
페이스북   www.facebook.com/dorimbooks
전자우편   dorimbooks@naver.com

Project designs and texts ⓒ 배향화, 2016
Photographs and illustrations ⓒ DorimBooks, 2016

ISBN   979-11-87384-02-1 13630

이 도서의 국립중앙도서관 출판예정도서목록(CIP)은 서지정보유통지원시스템 홈페이지(http://seoji.nl.go.kr)와 국가자료공동목록시스템(http://www.nl.go.kr/kolisnet)에서 이용하실 수 있습니다. (CIP제어번호 : CIP2016021142)

Thanks to_ 사진 촬영에 공예 작품을 협찬해주셔서 감사합니다!

니들송(키키와 하루), 딩이(김문주), 로로(최혜리), 마미맘(최숙경), 메이홀릭(박수경), 벨라디아(하정희), 시엘(이지혜), 용맘(최효숙), 제리아노(김민기), 하니맘(이전명)

SUHOBI'S POLYMER CLAY

수호비의 폴리머클레이

배향화 지음

Preface

폴리머클레이를 처음 만났을 때의 설렘이 오래도록 향긋한 기억으로 남아있습니다.

아들이 초등학교에 입학하던 2006년, 일상이 무기력할 즈음에 폴리머클레이를 처음 만났습니다. 만들면 만들수록 새롭고 신기하고 게다가 섬세하기까지 한 폴리머클레이 케인의 매력에 빠지게 되면서 일상에 활력이 생겼습니다. 모두가 잠든 밤, 스탠드 불빛에 오롯이 앉아서 케인의 단면을 자르는 순간의 희열이 참 좋았습니다.

혼자만 즐기던 작업을 블로그에 기록하기 시작했고, 그 후 전문강사 자격증에도 도전하게 되었습니다. 폴리머클레이는 내가 무엇을 할 때 즐거운가를 알려주었고, 한 단계씩 도전하도록 용기를 주었습니다. 폴리머클레이로 좀 더 다양한 분야의 사람들과 소통하고 싶었고, 그 매개체가 되어준 것이 케인으로 만드는 단추와 케인으로 그리는 그림이었습니다. 블로그의 소개 글 '폴리머클레이로 그림을 그리는 일상. 오늘이 가장 행복한 날'처럼 작업할 수 있는 하루하루가 행복이었으며, 많은 분들의 사랑을 받게 되어 더없이 기쁘고 고마웠습니다.

폴리머클레이로 케인 만들기를 처음 접하는 분들은 케인으로 단추나 액세서리를 만든다는 것 자체를 굉장히 신기해합니다. 작은 케인 안에 복잡하고 다양한 문양을 넣을 수 있다는 것도 놀라워하고. 또 '어떻게 하면 수호비님처럼 정교한 케인을 만들 수 있나'라는 질문을 종종 받는데요, 이런 물음에 대한 모든 답은 44가지의 케인을 만드는 과정 속에 담겨있습니다.

수호비에게 1 : 1 강의를 듣는 기분으로 1번부터 44번까지 케인을 만들어보세요. 물론 각각의 케인 만들기에서 작업과정을 상세하게 담았기 때문에 번호 순서대로 만들지 않아도 좋습니다. 이 책과 함께 케인 만들기의 수수께끼를 하나씩 풀어나가는 재미를 만끽하길 바랍니다. 저 또한 여러분과의 만남을 폴리머클레이가 주는 선물이라고 생각하며 오래도록 폴리머클레이로 그림을 그리는 일상을 즐기고 싶습니다.

끝으로 이 책을 위해서 함께 수고해준 도림북스에 감사 인사를 드립니다. 그리고 작업할 수 있도록 응원해주고 기도해주는 나의 가족, 사랑합니다. 가족의 사랑 덕분에 수호비가 있었습니다.

수호비 배향화

CONTENTS

BASICS

12   폴리머클레이 케인이란

14   폴리머클레이 재료와 도구

16   폴리머클레이 기초

CANES

26   케인 만들기 전 알아두기

달팽이 케인과 변형

36   01 달팽이 케인

38   02 나이테 케인

원 케인과 변형

42   03 원 케인

44   04 누름꽃 케인

45   05 무지개 케인 1, 2

사각기둥 조합 케인

48　06 사각 케인

49　07 삼색 체크 케인

50　08 무지개 체크 케인

52　09 몬드리안 케인

삼각기둥 조합 케인

56　10 삼각 케인

58　11 육각별 케인

60　12 스티치 체크 케인

62　13 레일 케인

불꽃 케인과 응용

66　14 불꽃 케인

68　15 오로라 케인

70　16 물결 케인

삼각·사각 기둥 조합 케인

74　17 바람개비 1 케인

76　18 바람개비 2 케인

78　19 마름모 케인

80　20 지그재그 케인

82　21 회오리 케인

🟩 원기둥 조합 케인

86   22 사각 뜨개 케인

88   23 전통 문양 케인

90   24 모자이크 케인

92   25 오렌지 꽃 케인

🟦 겹쌓기 케인과 응용

96   26 겹쌓기 케인

98   27 캔디 케인

100   28 풍차 케인

102   29 엮음 케인

104   30 햇살 케인

106   31 Y 케인

🔴 꽃 케인과 응용

110   32 꽃 케인

112   33 꽃마리 케인

🟨 그러데이션 기법 케인

116   그러데이션 기법 알아두기

120   34 지브라 케인

122   35 하와이안 케인

124   36 나뭇잎 케인

128   37 장미 케인

130   38 별꽃 케인

PROJECTS

150 작품 만들기 전 알아두기

하트 문양 케인

134 39 하트 케인
136 40 하트 꽃 케인

156 01 단추
158 02 케인 목걸이
164 03 심플 팔찌와 머리핀
168 04 꼬꼬 브로치
170 05 별꽃 손거울
172 06 머리 방울

다양한 케인

140 41 오렌지 케인
142 42 골드키위 케인
144 43 눈꽃 케인
146 44 얼굴 케인

APPENDIX

180 방안지
181 도안 모음

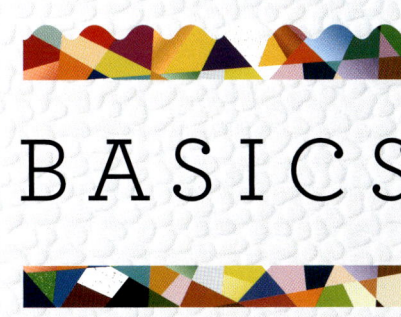

BASICS

폴리머클레이 케인이란

폴리머클레이(Polymer clay)

폴리머클레이(polymer clay)란 합성수지 점토 또는 고분자 점토로, 폴리염화비닐(PVC)을 주성분으로 한 아주 고운 입자의 점토다. 색상이 다양하고 점토와 점토 간의 자연스러운 색 혼합이 가능하여 섬세한 표현과 완성도 높은 작품을 만드는 데 효과적이다.

폴리머클레이의 특징은 유성 화학합성물질이기 때문에 공기 중에서 자연건조가 되지 않고 반드시 전용 오븐에서 열을 가해 구워야 한다는 점이다. 사용하고 남은 클레이는 랩이나 비닐 팩에 보관해두면 언제든 사용 가능하기 때문에 제작과 보관이 편리하다.

폴리머클레이로 만들면 내수성과 내구성이 뛰어나다. 변형 없이 오래도록 보존이 가능하기 때문에 액세서리, 미니어처, 인테리어 소품, 클레이메이션, 예술작품 등을 다양하게 만들 수 있다. 일상생활에서의 활용도가 무궁무진한 재료가 바로 폴리머클레이다.

케인(Cane)

케인(cane)이란 유리공예 가공법 중 하나인 밀레피오리(Millefiori) 기법을 응용하여 문양을 만드는 기법이다. 폴리머클레이로 색색의 기둥을 만들고 조합하여 길게 막대 형태로 늘인 것을 말한다. 이 막대 형태의 케인 단면을 자르면 롤케이크나 김밥을 잘랐을 때처럼 일정한 문양이 반복적으로 나타나는데, 이러한 문양으로 다양한 작품을 만들 수 있다.

이 책에서는 기본 케인부터 정확성을 요구하는 케인, 자유로운 문양의 케인까지 총 44가지의 케인을 만날 수 있다.

케인을 잘 만들기 위한 수호비의 노하우

첫 번째, 케인 만들기 전에 클레이의 점도를 반드시 동일하게 맞추자(19쪽 참고).
이 과정을 건너뛰고 케인을 만들면 케인의 문양이 찌그러지게 된다.

두 번째, 가로세로 5 cm 간격으로 표시되어 있는 방안지를 사용하여 케인 도안을 그려보자.
지름 5 cm가 넘지 않도록 원을 그리고 그 중심에 도안을 그린 후 도안의 크기대로 케인을 만
드는 연습을 한다. 이 방법이 손에 익으면 케인이 과하게 커지는 것을 막을 수 있을 뿐만 아
니라 클레이 낭비를 줄일 수 있어서 좋다.

세 번째, 다양한 색감 표현을 위해 색을 혼합하여 사용해보자.
색 혼합 비즈를 만들어서 케인을 만들기 전에 색 배합을 예측해보거나(24쪽 참고) 케인을 만들
고 남은 자투리 클레이를 다시 반죽하여 혼합 색을 만들어 사용하면 좀 더 풍부한 색감을 표
현할 수 있다.

네 번째, 다양한 공예 분야에서 사용하는 재료와 도구를 눈여겨보자.
케인이나 단추 등을 만들 때 여러 가지 재료나 도구를 활용하면 색다른 문양을 표현할 수 있다.

다섯 번째, 케인과 케인을 결합해보자.
한 가지 기법에서 멈추지 말고 케인을 다양하게 조합하다보면, 나만의 케인을 만들 수 있다.

폴리머클레이 기초 용어

• 점도 : 클레이가 단단하고 무른 정도
• 롤링 : 클레이를 바닥에 놓고 손바닥으로 굴림
• 코일링 : 두 가지 색상이나 그 이상의 클레이를 길게 꽈배기처럼 서로 꼬아줌
• 시트 : 밀대나 클레이 머신을 사용하여 클레이를 동일한 두께로 편 것
• 다이얼 : 클레이 머신 옆에 있는 두께조절기로, 1~9단계로 시트의 두께 조절 가능
• 기둥 : 클레이를 반죽하여 긴 형태로 만든 것
  (원기둥, 삼각기둥, 사각기둥, 꽃잎기둥, 중심기둥, 바탕기둥, 부채꼴기둥 등)
• 시트 감기 : 시트로 기둥을 감음
• 시트 덮기 : 시트로 기둥의 한쪽 면만 덮음
• 세로선 : 케인을 조합할 때 보이는 기둥의 세로 줄무늬
• 중심선 : 케인을 조합할 때 보이는 기둥 중심의 선
• 케인 : 색색의 기둥을 만들고 조합하여 길게 막대 형태로 늘인 것(원 케인, 사각 케인, 육각 케인 등)
• 슬라이스 : 칼로 케인의 단면을 얇게 자름
• 칩 : 케인을 칼로 슬라이스 하였을 때 얻게 되는 단면 문양 조각
• 칩 시트 : 넓게 편 시트 위에 슬라이스한 얇은 칩을 빼곡하게 붙인 것
• 밑구슬 : 칩을 붙이기 위해서 만든 구슬
• 자투리 : 케인을 늘였을 때 뭉개진 양쪽 가장자리를 잘라낸 것

폴리머클레이 재료와 도구

* 구입처

화인센터 www.finecenter.co.kr
크라메 www.crama.co.kr
쪼만한마을 www.jjo.co.kr
미니어몰 www.miniamall.kr

폴리머클레이

FIMO, KATO, CERNIT, SCULPEY 등 다양한
제품이 있다.

밀대

클레이를 반죽하거나
평평하게 펼 때,
케인을 늘일 때 유용하다.

폴리머클레이 전용 칼

클레이를 자를 때 사용하는 칼로,
문양에 따라 다양하게 사용한다.
직선 칼, 곡선 칼, 물결 칼 등이 있다.

작업 매트

클레이를 만들 때 클레이가 묻는
것을 방지하기 위해 흰색 타일,
유리판, A4용지, 방안지 등을
깔고 작업한다.

클레이 머신

클레이를 동일한 두께로 평평하고
넓게 펼 때, 반죽할 때, 그러데이션
기법을 표현할 때 사용한다.

믹스 퀵, 오일

클레이가 단단해서 반죽이
어려운 경우, 믹스 퀵이나
오일을 조금 섞어서 사용한다.

스텐봉

비즈에 구멍을 뚫을 때, 비즈를 줄줄이 꿰
어서 오븐에 구울 때 사용한다. 스텐봉이
없으면 이쑤시개, 와이어, 빨대 등으로
대체해서 사용해도 좋다.

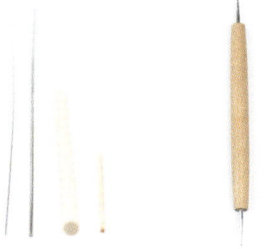

도트봉

클레이 표면을 다듬을 때, 단추의
구멍을 뚫을 때 사용한다.

디자인 커터 칼

클레이를 자유로운 형태로 자를 때
사용한다.

쇠자

자는 쇠로 된 자를 사용하는 것이 좋다.
15 cm, 30 cm 두 가지 자를 사용하면 편리하다.

모양틀

클레이에 다양한 모양을 찍는 틀로,
케인과 액세서리를 만들 때 유용하다.

다양한 텍스처 표현 도구들

원단, 레이스, 사포, 칫솔, 쇠솔. 벽지 등은
작품에 질감을 표현할 때 사용한다.

랩

사용하고 남은 클레이를
감싸서 보관하거나 작품에
묻어있는 지문을 없애는
용도로 사용한다.

순간접착제

우레탄 줄을 마감할 때, 액세서리
부자재를 붙일 때 사용한다.
붓 형태의 제품을 사용하면
편리하다.

전자저울

반드시 필요하지는 않으나 좀 더 정확한
측정을 원할 때는 유용하다.

미니 핸드 전동 드릴

단춧구멍을 좀 더 깔끔하게 뚫고 싶을 때
사용한다. 드릴 날을 교체하여 단춧구멍
을 다양한 크기로 뚫을 수 있다.

전용 오븐

폴리머클레이 작품을 구울 때는 전용 오
븐이 필요하다. 일반 가정에서 사용하는
저렴한 토스트용 오븐도 사용 가능하다.
★ 전자레인지는 사용 금물!

폴리머클레이 기초

1. 작품에 사용한 클레이

이 책에서는 FIMO 클레이를 사용하여 작품을 만든다. FIMO 클레이는 PROFESSIONAL, SOFT, EFFECT 3가지 라인이 있으며 서로 혼합하여 사용할 수 있다(CERNIT, SCULPEY, KATO 클레이와도 혼합하여 사용 가능).

PROFESSIONAL

세 가지 라인 중에서 가장 단단하여, 케인 만들기 등 섬세한 작업에 사용하기 좋다(총 24색).

SOFT

부드럽고 반죽이 쉬워 누구나 쉽게 사용 가능하다(총 24색).

EFFECT

반투명, 반짝이, 야광, 스톤, 메탈릭, 파스텔, 원석 등 다양한 효과를 표현할 수 있다(총 37색).

FIMO

PROFESSIONAL

SOFT

EFFECT

색상표 한눈에 이해하기

구분	EFFECT							SOFT, PROFE—SSIONAL
	메탈릭 (Metalic)	반짝이 (Glitter)	스톤 (Stone)	반투명 (Translucent)	파스텔 (Pastel)	원석(보석) (Gemstone)	야광 (Nightglow)	
0— white	08	052	003	014			04 *반투명 효과 가능	0, 02
1— yellow	11	112		104	105	106		1, 10, 16, 17, 100
2— red	27, 28	202		204	205	206, 286		22, 23, 24, 26, 29, 200, 210
3— blue	38	302		374	305	306, 386		32, 33, 34, 35, 37, 39, 300
4— orange				404	405			4, 42, 43
5— green	58	502		504	505	506		5, 50, 53, 56, 57, 500
6— violet		602		604	605			6, 61, 62, 63
7— terracota								7, 70, 74, 75, 76, 77
8— grey	81	812	803					80
9— black			903					9

*SOFT와 PROFESSIONAL의 공통 번호 – 0(white), 9(black), 33(S : brilliant blue, P : ultramarine), 61(S : purple violet, P : violet), 62(lavender), 80(dolphin grey)

- FIMO 클레이는 색상마다 고유번호가 있다.
- 표의 가로 방향 : 고유번호 제일 앞의 숫자가 같으면 동일한 계열의 색이다.
  예) 22, 204, 286과 같이 고유번호가 2로 시작하는 클레이는 red 계열의 색
- 표의 세로 방향 : EFFECT 클레이는 고유번호 마지막 숫자가 같으면, 동일한 효과의 클레이다(단 SOFT, PROFESSIONAL 예외).
  예) 003, 803, 903과 같이 고유번호가 3으로 끝나는 클레이는 스톤효과를 낸다.

2. 클레이 반죽방법

클레이는 유리판이나 타일 위에서 반죽하는 것이 편리하며(휴지나 물티슈로 닦아서 사용), 밝은 색 클레이부터 반죽하는 것이 좋다.

손 반죽

클레이를 한 칸씩 잘라서 손바닥의 온기로 부드럽게 한 후 매트 위에서 롤링하여 반죽한다. 덩어리가 남지 않게 반죽을 충분히 하지 않으면, 구운 후에 갈라짐 현상이 생길 수 있다.
★ 클레이 머신으로 반죽할 때는 손으로 어느 정도 반죽한 후에 넣어야 머신 사이에 클레이 찌꺼기가 덜 끼어요.

코일링 기법

두 가지 색 이상의 클레이를 혼합할 때는 꽈배기처럼 클레이를 꼬아가면서 롤링하여 반죽한다.

밀대

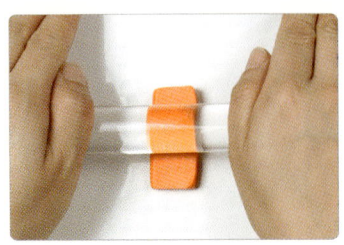

클레이를 한 칸씩 잘라 밀대로 눌러 밀어서 반죽하기도 한다.

>>> TIP **많은 양의 클레이 반죽에는 믹서 사용**

많은 양의 클레이를 반죽할 때는 믹서를 사용하기도 한다. 폴리머클레이를 조금씩 떼어서 믹서에 넣고 갈면 가루가 되는데, 이 가루를 모아서 타일 위에서 손으로 반죽한다. 미세한 가루 날림이 있으므로 마스크를 착용하는 것이 좋다. 이때 믹서는 클레이 반죽용으로만 사용해야 한다.

3. 클레이 점도 조절방법

케인을 만들 때는 클레이의 점도를 반드시 동일하게 맞춰야 한다. 그렇지 않으면 케인을 늘일 때 문양이 찌그러지기 때문이다. 클레이의 점도는 제조사, 출시된 기간, 색상별, 온도와 계절(여름, 겨울)에 따라 다르다. 클레이가 무르면 반죽하기는 쉬우나 케인의 단면을 자를 때 찌그러지는 단점이 있다. 반대로 클레이가 단단하면 반죽하기는 힘이 드나 케인의 단면이 깔끔하게 잘리는 장점이 있다.

클레이의 점도에 따른 케인의 변화

● 클레이 2가지 색의 점도가 동일한 경우

▲ 흰색 클레이가 무른 경우

바람개비 1 케인을 만들 경우 클레이 색 2가지가 필요하다. 이때 2가지 클레이의 점도가 같을 경우에는 케인을 늘였을 때 문양이 반듯하게 늘어나지만(●), 점도가 다를 경우에는 문양이 찌그러지면서 늘어난다(▲). 특히나 삼각케인, 사각 케인 등의 직선 케인이나 캐릭터 케인을 만들 때는 클레이의 점도에 더 신경을 써야 한다. 클레이의 점도가 다르면, 다음과 같은 방법을 사용한다.

클레이가 심하게 무른 경우(여름)

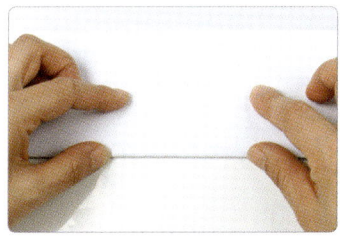

클레이가 심하게 물러서 끈적거리는 경우에는 클레이를 반죽하여 넓게 편 후 A4용지로 감싼다. 시간이 지나면 종이에 오일이 묻어나는데 단단하게 하고 싶은 정도에 따라 시간을 늘리거나 종이를 교체하면서 오일을 뺀 후 다시 반죽하여 사용한다.

클레이가 심하게 단단할 경우(겨울)

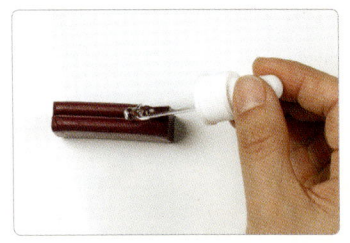

클레이가 심하게 단단할 경우에는 베이비오일이나 믹스퀵을 클레이에 소량 첨가하여 반죽한다.

오일을 1~2방울 혼합하여 클레이의 점도를 확인하며 반죽한다.

4. 칼 사용방법

칼의 종류

직선 칼, 곡선 칼, 물결 칼 3가지 종류가 있으며, 폴리머클레이 블레이드(polymer clay blade)라고도 한다.

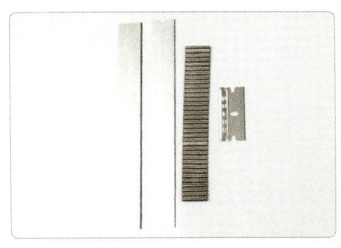
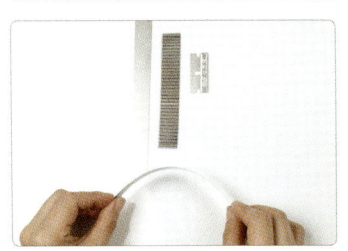

• 직선 칼 : 클레이를 반듯하게 자를 때, 클레이를 자르고 다질 때 사용한다.

• 곡선 칼 : 크게 휘는 성질을 갖고 있어서 휨 칼이라고도 하며, 곡선 모양으로 자를 때 사용한다.

　　* 케인을 슬라이스 할 때도 사용해요

• 물결 칼 : 단면을 잘랐을 때 물결 문양의 효과를 낼 수 있다.

이외에 지름의 크기가 작은 케인의 단면을 자를 때, 아이들과 함께 작업을 할 때는 도루코 칼을 사용하기도 한다.

폴리머클레이 블레이드에는 손잡이가 없기 때문에 칼날을 잡고 사용하지 않도록 특별히 주의해야 한다. 반복 사용으로 칼날이 무뎌지면 입자가 조밀한 사포(800~1000)에 문질러서 사용한다.

칼 잡는 방법

• 일반적인 경우

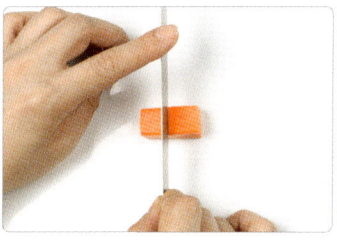

칼의 옆면을 엄지와 검지로 잡고, 반
대편 손의 검지를 칼 등 위에 올려
양 손에 힘을 주며 자른다.

• 케인이 큰 경우

케인의 크기가 큰 경우는 칼의 양 끝
을 잡고 자른다.

케인 자르는 방법

칼과 바닥이 90°가 유지되도록 하며, 잘려지는 케인의 두
께가 동일한지를 살피며 천천히 한 번에 자른다.

*톱으로 써는 것처럼 자르면, 잘려진 단면이 깔끔하지 않아요.

사선 각도로 자르는 습관이 들지 않도록 칼을 곧게 내리는
연습을 충분히 해야 한다.

5. 클레이 머신 사용방법

클레이 머신은 클레이를 일정한 두께로 펼 때(시트를 만들 때) 사용하는 도구다. 클레이 머신을 구입하고 처음 사용할 때는 롤러에 기름기가 묻어있기 때문에 휴지로 닦아야 하며, 사용 후에도 롤러 틈새를 깨끗이 닦아 클레이 찌꺼기를 제거해야 한다. 이때 물티슈로 닦으면 녹이 슬 수 있기 때문에 휴지나 마른걸레를 사용하는 게 좋다.

클레이 머신에는 시트의 두께를 조절할 수 있는 두께 조절 다이얼이 있는데, 머신의 제조사에 따라 두께 조절방법이 다르다. FIMO 클레이 머신에는 1번부터 9번까지의 두께 조절 다이얼이 있으며, 숫자가 커질수록 시트의 두께가 얇아진다. SHULE 클레이 머신은 1번부터 7번까지의 두께 조절 다이얼이 있으며, FIMO 클레이 머신과는 반대로 숫자가 커질수록 두께가 두꺼워진다.

* 이 책 내용은 FIMO 클레이 머신을 사용하여 만들었어요.

FIMO 클레이 머신

두께 조절 다이얼

손잡이

\# FIMO와 SHULE 클레이 머신의 두께 비교

FIMO 클레이 머신		SHULE 클레이 머신	
다이얼 번호	시트 두께	다이얼 번호	시트 두께
1	2.5 mm	1	0.8 mm
2	1.8 mm	2	1.0 mm
3	1.5 mm	3	1.2 mm
4	1.3 mm	4	1.5 mm
5	1.0 mm	5	1.75 mm
6	0.8 mm	6	1.9 mm
7	0.75 mm	7	2.0 mm
8	0.6 mm		
9	0.45 mm		

6. 클레이 색상을 혼합하는 방법

케인의 색감을 좀 더 풍부하게 표현하고 싶다면 색을 혼합해서 사용해보자. 클레이 혼합은 물감 혼합방법과 동일하다. 색 혼합 비즈를 만들어서 투명 유리병에 담아두고 케인을 만들 때마다 꺼내 색 배치를 예측해보면 다양한 색감을 표현하는 데 도움이 된다.

색 혼합 비즈 만드는 방법

① 혼합하려는 클레이 2가지 색을 각각 클레이 머신에 넣고 동일한 두께로 넓게 편다.

② 모양틀로 찍는다(사각 모양틀도 가능, 모양틀이 없다면 방안지 위에 올려놓고 가로, 세로 2 cm가 되도록 잘라서 사용).

③ 각각 4등분한다.

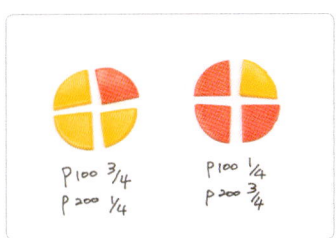

④ ¼을 서로 섞어서 배합하고 배합 비율을 종이에 써놓는다.

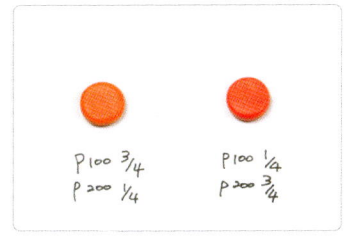

⑤ 각각을 혼합 반죽하여 납작한 비즈를 만든 뒤 오븐에 굽는다.

⑥ 구워낸 비즈에 펜으로 배합 비율을 적는다.

⑦ 완성한 비즈들을 유리병에 담아 보관하고, 케인을 만들 때 색 배치를 예측해본다.

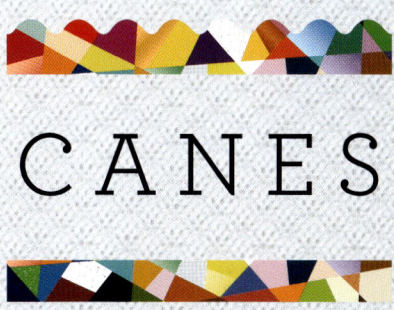

CANES

케인 만들기 전 알아두기

1. 케인 만들기 전 준비사항

① 손을 깨끗이 씻고 책상 주변의 먼지를 닦는다.

② 반투명 클레이(E 014)나 흰색 클레이(P 0)를 콩알만큼 떼어 손가락 지문의 먼지와 테이블을 닦고 작업하면, 좀 더 깔끔한 환경에서 케인을 만들 수 있다.

③ 밝은 색 클레이부터 반죽한다.

④ 클레이의 점도는 모두 동일하게 준비해놓는다.

⑤ 클레이에 털이 묻지 않도록 니트류의 옷은 입지 않도록 한다.

⑥ 이 책에서는 작업 매트로 타일과 A4용지(방안지)를 사용했다.

＊투명파일 속에 방안지를 넣고 매트로 사용해도 좋아요.

2. 클레이 롤링 방법

클레이를 길게 늘일 때는 바닥에 놓고, 손바닥의 평평한 면으로 굴린다. 원기둥의 굵기가 균일하게 늘어날 수 있게 롤링하는 연습을 꾸준히 하도록 한다.

원기둥을 만든다.

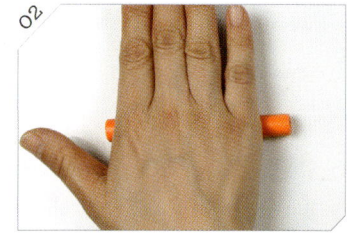

손바닥으로 원기둥의 중심부에서 양 쪽 끝 방향을 향해 천천히 굴려서 동 일한 굵기의 원기둥을 만든다.

3. 클레이 머신으로 시트 만드는 방법

시트 만드는 방법

머신으로 시트를 넓게 펴기 위해서는 원하는 크기보다 약간 작은 크기로 손 반죽을 한 후에 머신에 넣고 돌려야 한다(손 반죽할 때 시트의 두께는 약 0.3 cm 정도가 적당하다).

*시트를 만들 때 갈라진 테두리를 잘라내야 하므로 필요량보다 조금 더 넉넉하게 준비하는 것이 좋다.

• 가로로 긴 직사각형 시트를 만드는 경우   • 정사각형 시트를 만드는 경우
  (→ : 머신에 넣을 때 시트의 방향)

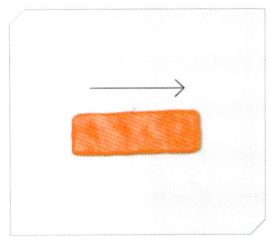 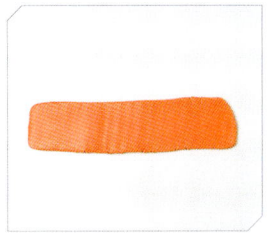 

시트 두께 조절방법

얇은 두께의 시트를 만들 때는 처음부터 얇은 두께의 다이얼에서 돌리지 말고, 다음과 같은 단계로 만든다.

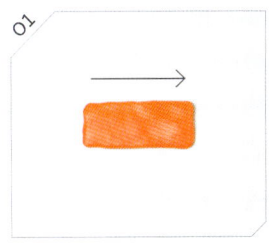 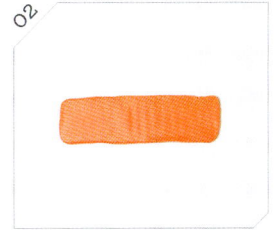 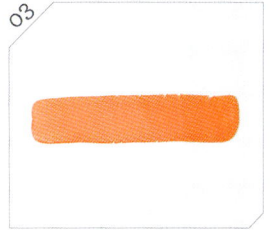 

01 클레이를 두께 약 0.3 cm 정도의 직사각형으로 넓게 편다.

02 클레이 머신의 다이얼을 ①에 놓고 손잡이를 돌려서 두꺼운 시트를 만든다.

03 다이얼 ③~⑤에 놓고, 중간 두께의 시트를 만든다.

04 다이얼 ⑥~⑨에 놓고 얇은 시트를 만든다.

4. 시트 감기 방법

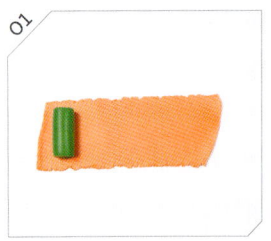
01

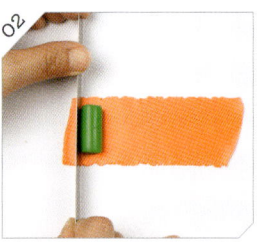
02

03

04

시트를 넓게 펴고 기둥을 시트 위에 올린다.

기둥의 높이를 따라 시트를 일직선으로 자른다.

시트의 위, 아래를 기둥과 평행하게 자른다.

시트를 천천히 말아 감는다.

05

06

07

08

기둥이 다 감긴 지점에서 살짝 눌렀다가 떼어내면 시트에 선이 그어진 것을 볼 수 있다.

선을 따라 자른다.

* 시트가 두꺼울 때는 그어진 선보다 살짝 안쪽으로 잘라주는 것이 좋아요.

시트의 길이가 기둥 둘레에 맞는지 확인하고 붙인다.

깔끔하게 다듬는다.

5. 시트 덮기 방법

01

02

03

04

시트 덮기를 할 기둥의 위치에 칼을 수직으로 내려서 자른다.

자른 면을 시트 위에 엎은 후 사방을 반듯하게 자른다.

자른 2개의 기둥을 다시 마주보게 놓는다.

아래에서부터 위로 조합한다.

6. 원기둥을 변형하여 늘이는 방법

삼각기둥으로 길게 늘이는 방법

  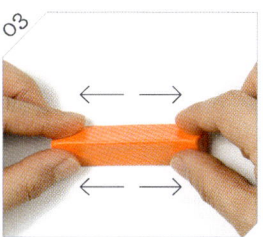 

원기둥을 바닥에 눕혀서 윗면을 뾰족하게 다듬는다.	원기둥을 굴리며 총 3개의 모서리를 잡아 삼각기둥을 만든다.	두 손으로 기둥의 중심부에서 양 끝 방향으로 힘을 가해 누르면서 원하는 길이만큼 길게 늘인다.	두 손가락으로 모서리를 가볍게 잡고 좌우로 움직이며 문질러서 반듯하게 다듬는다.

사각기둥으로 길게 늘이는 방법

  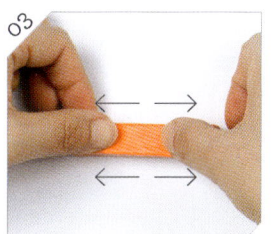 

원기둥을 두 손으로 엇갈려 잡고 사각기둥을 만든다.	사각기둥을 바닥에 눕히고 모서리를 반듯하게 다듬는다.	사각기둥 윗면의 중심부에서 양 끝 방향으로 힘을 가해 누르면서 길게 늘인다.	각각의 모서리와 면이 반듯해지도록 부드럽게 문지르며 각을 잡는다.

7. 기둥(케인) 분할방법

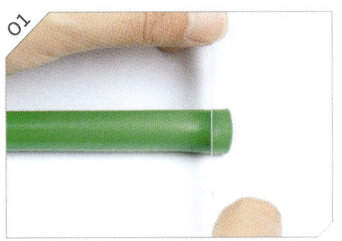 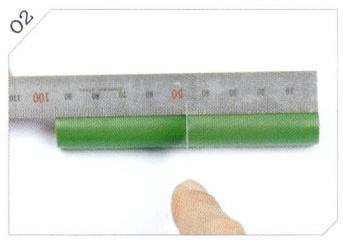 

기둥(케인)을 길게 롤링한 후에 뭉개진 양쪽 끝부분을 수직으로 잘라낸다.

기둥 위에 자를 올려놓고 분할하는 지점에 칼끝으로 표시한다.

표시한 곳에 칼을 올려서 수직으로 자른다.

8. 기둥을 세로로 분할하는 방법

원기둥 4등분

  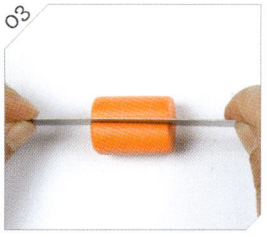 

원기둥의 윗면에 4등분선을 긋는다.

4등분선을 기둥 밑면까지 연결해서 그어준다.

그은 선을 따라서 칼을 천천히 내리며 2등분한다.

2등분한 원기둥을 눕힌 후에 선을 따라서 다시 2등분한다.

사각기둥 4등분

사각기둥의 윗면과 밑면에 4등분선(대각선 방향)을 긋는다.

기둥의 윗면에서부터 양쪽 모서리를 따라 칼을 천천히 내려서 2등분한다.

자르면서 찌그러진 삼각기둥을 처음의 높이만큼 다듬는다.

2등분한 삼각기둥을 엎어놓고, 윗면과 밑면에 그려진 선을 따라 다시 2등분한다.

9. 기둥끼리 조합하는 방법

기둥은 아래에서 위로 곧게 조합해야 하며, 반드시 케인의 윗면과 밑면을 번갈아 보면서 문양이 정확하게 조합되었는지 확인해야 한다.

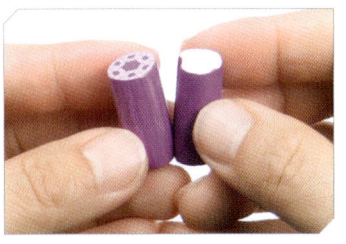

원기둥 조합

원기둥을 조합할 때는 원기둥의 아래에서 위로 곧게 붙인다.

각기둥 조합

각기둥 케인을 늘이면 세로선이 비뚤어지는데, 이때는 케인을 옆으로 눕힌다.

비뚤어진 세로선들을 좌우로 움직여서 반듯하게 다듬는다.

마주보는 기둥의 세로선이 수평이 되는지 확인한다.

세로선이 일치하게 맞물리는지 끝까지 확인하며 아래에서 위로 조합한다.

각기둥 조합을 완성한다.

10. 완성 케인을 다시 조합하는 방법

1배 조합

완성한 케인을 4등분한 후 다시 조합하여 연속 문양을 만든다.

레일 케인

길게 늘여서 4등분한다.

기둥을 2개씩 조합한다.

조합한 기둥끼리 다시 조합
하여 1배 조합 케인을 완성
한다.

2배 조합

1배 조합한 케인을 4등분한 후 다시 조합하여 좀 더 세밀한 연속 문양을 만든다.

1배 조합한 레일 케인

길게 늘여서 4등분한다.

기둥을 2개씩 조합한다.

조합한 기둥끼리 다시 조합
하여 2배 조합 케인을 완성
한다.

〈일러두기〉

① 이 책에서는 FIMO PROFESSIONAL 위주로 작업했다.
   PROFESSIONAL은 P로, SOFT는 S, EFFECT는 E로 표시

② 클레이 1개는 총 8칸으로 되어 있으며, 8칸 중의 1칸을 '1칸'으로 표기한다.
   1칸의 용량은 P는 약 10 g, S와 E는 약 7 g(FIMO 이외의 클레이를 사용할 때 참고)

③ 클레이 홈에 칼을 대고 수직으로 잘라야 정확한 용량으로 케인을 만들 수 있다(직선
   칼 사용).

④ 기둥이나 케인의 길이는 양 끝의 자투리를 잘라내고 잰 길이를 말한다.

⑤ 케인을 만들 때는 케인 기둥의 높이를 2~3 cm 내외로 하는 것이 좋다.

⑥ 클레이 머신의 다이얼을 '다이얼 1'으로 표시하였다(FIMO 클레이 머신 기준).
   ※ SHULE 클레이 머신 사용 시 22쪽 참고하세요.

⑦ 클레이의 총 양을 기본 40~80 g에 맞춰 작업하는 습관을 들이면 케인의 크기가 과하
   게 커지는 것을 막을 수 있다.

{ 달팽이 케인과 변형 }

01 달팽이 케인

P 4   P 5
2칸   2칸
1   2

① 1, 2번 클레이를 손으로 넓게
(15×3 cm) 편다.

② 머신으로(다이얼 ①) 각각 시트
를 만든다(27쪽 시트 만드는 방법 참고).

③ 나란히 포개어 놓은 후 테두리
를 반듯하게 잘라 정리한다.

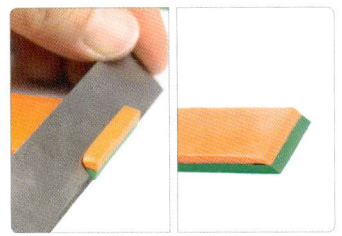

④ 양쪽 끝은 사선으로 자른다.

⑤ 한쪽 끝부분부터 천천히 말아준
다(TIP 참고).

⑥ 마감부분이 잘 밀착되도록 눌러
서 달팽이 케인을 완성한다.

>>> TIP 원기둥 감을 때 주의사항

1 원기둥을 감을 때 다른 손으로 기둥의 양 끝이 늘어나지 않도록 잡아주어야 한다.

2 바닥에 세운 후 높이가 늘어나지 않도록 다듬으면서 감아도 좋다.

양 끝을 잡지 않고 말았을 때

>>> TIP 밀대를 사용하여 시트 만드는 방법

클레이 머신이 없을 때는 클레이의 양 옆에 동일한 두께의 나무 판이나 아크릴 판을 놓고, 그 위에서 밀대로 밀어준다. 밀대에 클레이가 들러붙는 경우에는 클레이 위에 랩을 덮고 밀대로 밀면 붙지 않는다.

02 나이테 케인

P 0	P 200	P 9	P 9
1.5칸	1.5칸	1.5칸	1칸
1	2	3	4

① 1~3번 클레이를 손으로 넓게 (12×3 cm) 편다.

② 머신으로(다이얼 ③) 각각 시트를 만든다(27쪽 시트 만드는 방법 참고).

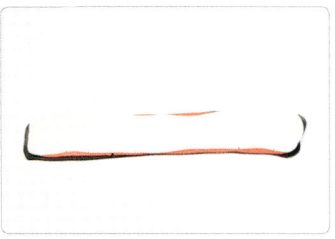

③ 시트를 3번 → 2번 → 1번 순서로 나란히 겹친다.

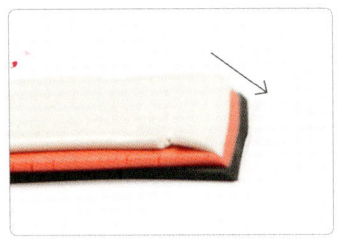

④ 시트의 양 끝은 사선방향으로 자른다.

⑤ 한쪽 끝부분부터 천천히 말아서 달팽이 케인을 만든다.

⑥ 단면이 깔끔하게 나올 때까지 양 끝을 정리한다.

⑦ 케인을 6 cm로 늘인 다음, 3 cm 씩 2등분한다(26쪽 클레이 롤링 방법 참고).

⑧ 케인 한 개를 사각기둥으로 다듬는다.

⑨ 다른 케인은 4등분한다(30쪽 기둥을 세로로 분할하는 방법 참고).

⑩ 4등분한 원기둥 4개의 꼭짓점이 바깥을 향하도록 붙인다.

⑪ 바닥에 눕혀서 빈공간이 생기지 않도록 누른 다음, 모서리를 다듬는다(높이 5 cm).

⑫ 4번 클레이로 시트 감기를 하여(다이얼 ⑥) 나이테 케인을 완성한다(28쪽 시트 감기 방법 참고).

>>> TIP   시트 감는 방법

시트 감는 방법은 01 달팽이 케인 만들기 과정 ③~⑥과 같이 시트의 가장자리를 다듬고 감는 방법과 02 나이테 케인 만들기 과정 ③~⑥과 같이 시트의 가장자리를 다듬지 않은 채로 감은 후에 양 끝의 단면을 정리하는 2가지다. 정해진 규칙이 있는 것은 아니므로 2가지 방법을 혼용하여 연습하도록 하자.

{ 원 게인과 변형 }

03 원 케인

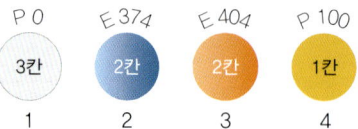

P 0	E 374	E 404	P 100
3칸	2칸	2칸	1칸
1	2	3	4

① 1번 클레이로 원기둥(지름 1 cm, 높이 3 cm)을 만든다.

② 2번 클레이로 시트(다이얼 ②) 감기 한다(28쪽 시트 감기 방법 참고).

③ 1번 클레이로 시트(다이얼 ④) 감기 한다.

④ 3번 클레이로 시트(다이얼 ①) 감기 한다.

⑤ 3번 클레이로 시트(다이얼 ③) 감기 한다.

⑥ 1번 클레이로 시트(다이얼 ①) 감기 한다.

⑦ 4번 클레이로 시트(다이얼 ③) 감기 한다.

⑧ 1번 클레이로 시트(다이얼 ④) 감기 한다.

⑨ 2번 클레이로 시트(다이얼 ③) 감기 하여 원 케인을 완성한다.

* 완성한 원 케인을 3등분하여 04 누름꽃 케인(44쪽)이나 05 무지개 케인(45쪽)을 만들 수 있어요.

>>> TIP   **원 케인의 특징**

원 케인은 시트의 색상과 굵기를 변형하여 만드는 케인으로, 정해진 규칙이 없이 자유롭게 만들 수 있는 재미가 있다. 클레이 머신에서 시트를 만들고 갈라진 가장자리를 반듯하게 잘라야 하기 때문에 클레이 양을 여유롭게 준비해서 만드는 것이 좋다.

>>> TIP   **반투명 색상의 굽기 전후 차이**

고유번호 4로 끝나는 EFFECT 클레이(014, 104, 204, 374, 404, 504, 604) 반투명 색상들은 굽기 전과 후의 색상이 확연하게 차이가 난다. 또한 이 클레이들은 다른 색의 클레이에 비해서 열에 약하다. E 014로 케인을 만들고 오븐에 구울 때는 자투리 칩을 먼저 구워서 적정 온도와 시간을 확인하는 것이 좋다. E 014로 만든 부분이 누렇게 되었다면 시간이나 온도를 조금씩 낮춰서 구워야 한다.

굽기 전

구운 후

04 누름꽃 케인

원 케인

• 앞에서 만든 원 케인의 ⅓ 사용

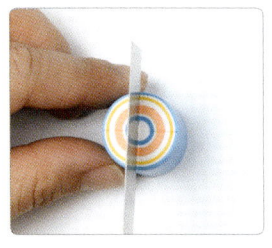

① 원 케인(높이 3 cm)의 윗면에 칼등으로 4등분선을 표시한다.

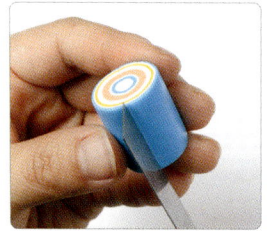

② 4등분선을 옆면과 밑면에도 표시한다.

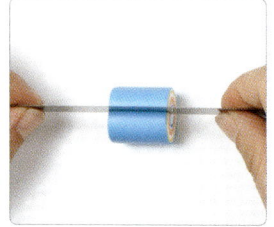

③ 표시한 선에 직선 칼의 칼등을 대고, 중심을 향하여 수직으로 내린다.

★ 자르는 게 아니에요!

④ 4등분선을 모두 ③과 같이 누른다.

* 칼날에 베이지 않도록 주의하세요!

⑤ 누른 홈과 홈 사이 4곳을 더 눌러준다.

⑥ 눌러준 부분에 빈 공간이 생기지 않도록 안으로 모으며 누름꽃 케인을 완성한다.

>>> TIP 다양한 도구 활용

누름꽃 케인은 눌러주는 도구의 두께에 따라서 문양이 달라진다. 스텐봉, 도루코 칼, 이쑤시개 등 주변에 있는 다양한 도구로 누름꽃 케인을 만들어보자.

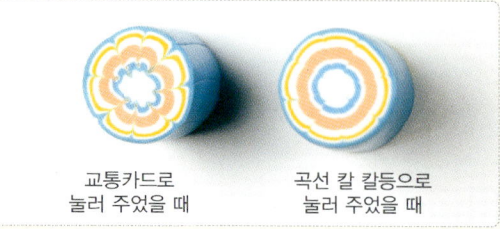

교통카드로   곡선 칼 칼등으로
눌러 주었을 때   눌러 주었을 때

05 무지개 케인 1, 2

E 374
1.5칸
1

원 케인
2

① 1번 클레이로 원 케인(지름 2cm, 높이 3cm)과 크기가 같은 원기둥을 만든다.

② 각각 2등분한다(30쪽 기둥을 세로로 분할하는 방법 참고).

③ 서로 다른 기둥을 조합하여 무지개 케인 1을 완성한다.

④ 남은 기둥을 각각 2등분한다.

⑤ 서로 다른 기둥끼리 조합한다.

⑥ 문양이 엇갈리게 맞대어 중심선이 일치하도록 조합하여 무지개 케인 2를 완성한다.

* 무지개 케인 1, 2를 완성한 후에는 케인을 안으로 모으며 롤링하여 길게 늘이거나, 케인의 테두리에 시트 감기를 하여 조합한 기둥끼리 잘 밀착되도록 하세요!

사각기둥 조합 케인

06 사각 케인

P 1   P 32   P 74   P 80

1칸   1칸   1칸   1칸

1   2   3   4

① 1~4번 클레이로 크기가 같은 사각기둥(높이 3 cm) 4개를 만든다(29쪽 원기둥을 변형하여 늘이는 방법 참고).

② 사각기둥을 2개씩 조합하고, 서로 마주보게 한다.

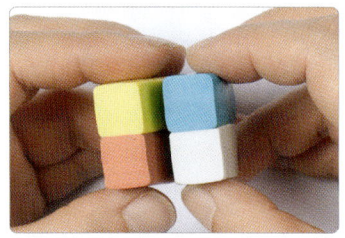

③ 중심선이 일치하도록 조합한다 (31쪽 기둥끼리 조합하는 방법 참고).

④ 손으로 모서리를 다듬어 사각 케인을 완성한다.

07 삼색 체크 케인

[반복 패턴]

P 0	P 9	P 80
1.5칸	1.5칸	3칸
1	2	3

① 1, 2번 클레이로 크기가 같은 사각기둥(높이 3cm)을 만든다(29쪽 원기둥을 변형하여 늘이는 방법 참고).

② 3번 클레이로 크기가 같은 사각기둥 2개를 만든다.

③ 1과 3, 2와 3번 사각기둥을 조합하고 서로 마주보게 한다.

④ 3번 기둥이 서로 만나지 않으면서 중심선이 일치하게 조합하여 삼색 체크 케인을 만든다(31쪽 기둥끼리 조합하는 방법 참고).

⑤ 케인을 12cm로 늘인 다음, 3cm씩 4등분한다(150쪽 케인 늘이는 방법 참고).

⑥ 1배 조합 삼색 체크 케인을 완성한다(32쪽 케인을 조합하는 방법 참고).

49

08 무지개 체크 케인

[반복 패턴]

P 17	P 02	P 57	P 23	P 0
1.5칸	1.5칸	1.5칸	1.5칸	2칸
1	2	3	4	5

① 1~4번 클레이로 크기가 같은 원기둥(높이 3 cm)을 만든다.

② 5번 클레이로 각각의 원기둥에 시트(다이얼 ⑤) 감기 한다(28쪽 시트 감기 하는 방법 참고).

③ 각각 사각기둥으로 만들어서 길이 10 cm로 늘인다(29쪽 원기둥을 변형하여 늘이는 방법 참고).

④ 사각기둥을 각각 2.5 cm씩 4등분하여 같은 색끼리 나열한다.

⑤ 색을 한 칸씩 옆으로 조합하여 사각기둥 4개를 만든다.

⑥ 아래에서 위로 세로선이 일치하도록 조합하여 무지개 체크 케인을 만든다(31쪽 기둥끼리 조합하는 방법 참고).

⑦ 케인을 10 cm로 늘인 다음
2.5 cm씩 4등분한다(150쪽 케인 늘
이는 방법 참고).

⑧ 1배 조합 무지개 체크 케인을 완
성한다(32쪽 케인 조합하는 방법 참고).

»» TIP **다양한 패턴 만들기**

무지개 체크 케인 만들기 과정 ⑧에서의 조합방법에 따라 다양한 패턴의 케인을 만들 수 있다.

09 몬드리안 케인

P 1	P 4	P 5	P 61	P 80	P 9
1칸	1칸	1칸	1칸	1칸	1.5칸
1	2	3	4	5	6

① 1~5번 클레이로 원기둥(높이 3 cm)을 만든다.

② 6번 클레이로 각각 시트(다이얼 ⑧) 감기 한다(28쪽 시트 감기 하는 방법 참고).

③ 사각기둥으로 만들어서 모두 길이 18 cm, 가로 약 0.8 cm로 늘인다(29쪽 원기둥을 변형하여 늘이는 방법 참고).

* 몬드리안 케인은 모서리를 반듯하게 잡지 않아도 돼요.

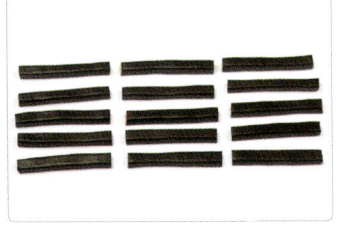

④ 사각기둥을 6 cm씩 3등분하고 사진과 같이 분류한다.

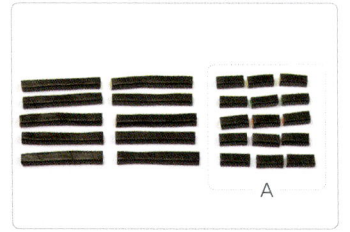

⑤ A의 사각기둥을 각각 2 cm씩 3 등분한다.

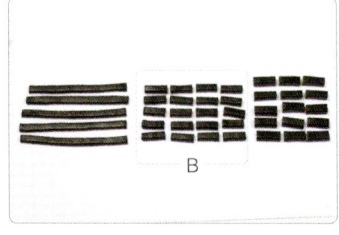

⑥ B의 사각기둥을 각각 8 cm로 늘인 다음, 2 cm씩 4등분한다.

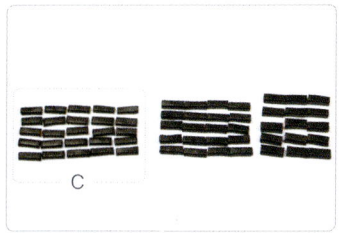

⑦ C의 사각기둥을 각각 10 cm로 늘인 다음, 2 cm씩 5등분한다.

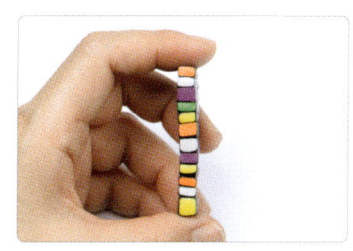

⑧ 자른 기둥을 크기와 색이 겹치지 않도록 자유롭게 번갈아 가며 붙인다(한 줄에 대략 12개 내외).

⑨ 긴 사각기둥을 5개 만든다.

⑩ 각각 바닥에 눕혀 사각기둥의 옆면이 평평해지도록 다듬는다.

⑪ 차례대로 조합하여 몬드리안 케인을 완성한다.

>>> TIP **기둥의 길이가 다른 경우**

기둥의 길이가 다를 때는 긴 기둥의 양 끝을 잡고 눌러서 길이가 같게 만든다.

삼각기둥 조합 케인

10 삼각 케인

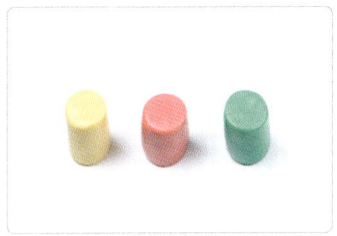

① 1~3번 클레이로 크기가 같은 원기둥(높이 3 cm)을 만든다.

② 각각 삼각기둥(높이 6 cm)으로 만든다(29쪽 원기둥을 변형하여 늘이는 방법 참고).

③ 삼각기둥을 각각 3 cm씩 2등분 한다.

④ 삼각기둥 3개를 조합하여 기둥 2개를 만든다.

⑤ 서로 다른 색이 마주보게 하여 중심선이 일치하도록 조합한다 (31쪽 기둥끼리 조합하는 방법 참고).

⑥ 모서리를 손으로 둥글게 다듬어 삼각 케인을 완성한다.

11 육각별 케인

[반복 패턴]

P 0	P 6	E 605	P 210	P 9
1.5칸	1.5칸	2칸	1.5칸	1칸
1	2	3	4	5

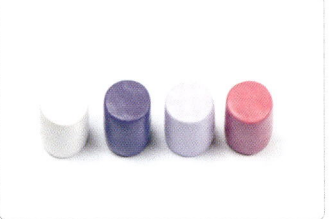

① 1~4번의 클레이로 크기가 같은 원기둥(높이 3 cm)을 만든다.

② 5번 클레이로 각각 시트(다이얼 ⑥) 감기 한다(28쪽 시트 감기 방법 참고).

③ 삼각기둥(높이 5 cm)으로 다듬 는다(29쪽 원기둥을 변형하여 늘이는 방법 참고).

④ 삼각기둥 4개를 사진과 같이 조 합한다.

⑤ 삼각기둥의 중심부를 힘을 주어 누른다.

⑥ 윗부분과 아랫부분도 늘여서 삼 각기둥의 전체를 균일하게 늘인다.

⑦ 삼각기둥의 세 면을 돌려가며 ⑤와 ⑥을 반복하여 조금씩 늘인다.

⑧ 삼각기둥을 15 cm로 늘인 다음 2.5 cm씩 6등분한다(150쪽 케인 늘이는 방법 참고).

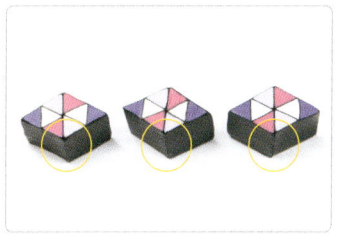

⑨ 기둥을 2개씩 조합한다(31쪽 기둥끼리 조합하는 방법 참고).

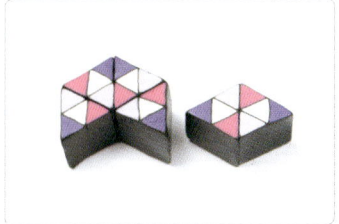

⑩ 동그라미로 표시한 부분이 중심이 되도록 기둥 2개를 붙인다.

⑪ 세로선이 일치하도록 조합하여 육각별 케인을 완성한다.

12 스티치 체크 케인

[반복 패턴]

P 300	P 1	P 200
2칸	0.5칸	0.5칸
1	2	3

① 1번 클레이로 원기둥(지름 0.5 cm, 높이 3 cm)을 만들고, 남은 클레이로 삼각기둥(높이 3 cm)을 만든다(29쪽 원기둥을 변형하여 늘이는 방법 참고).

② 2, 3번 클레이를 삼각기둥 한 면의 너비만큼 편다.

③ 삼각기둥의 양면에 ②에서 편 2, 3번 클레이를 각각 붙이고, 사이에 1번 클레이 원기둥을 끼운다.

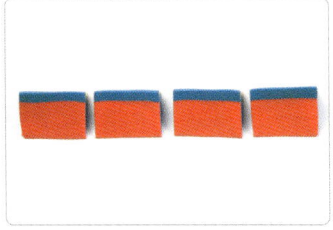

④ 삼각기둥을 10 cm로 늘인 다음 2.5 cm씩 4등분한다.

⑤ 같은 색이 마주보도록 삼각기둥을 2개씩 조합한다.

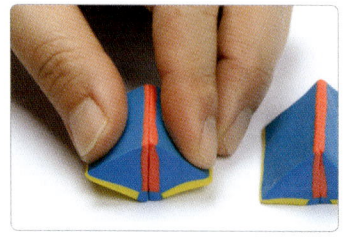

⑥ ⑤를 원기둥 부분이 바닥에 닿도록 엎은 후에 양손으로 눌러 바닥이 평평해지도록 한다.

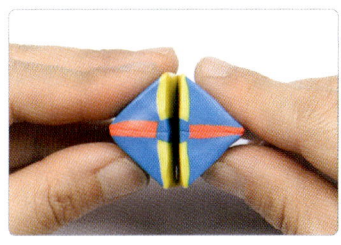

⑦ 기둥 2개를 세로선이 일치하도록 조합한다.

⑧ 케인을 10 cm로 늘인 다음 2.5 cm씩 4등분한다(150쪽 케인 늘이는 방법 참고).

⑨ 같은 색이 만나도록 기둥을 2개씩 조합한다.

⑩ 세로선이 일치하도록 조합하여 1배 조합 스티치 체크 케인을 완성한다(32쪽 케인 조합하는 방법 참고).

13 레일 케인

[반복 패턴]

P 4	P 0	P 100	P 5	P 61	P 9
	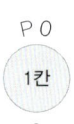				
2칸	1칸	0.5칸	0.5칸	0.3칸	0.5칸
1	2	3	4	5	6

① 1번 클레이로 삼각기둥(높이 3 cm)을 만든다(29쪽 원기둥을 변형하여 늘이는 방법 참고).

② 2번 클레이로 길이 12 cm 원기둥을 만들어 3 cm씩 4등분, 3,4번 클레이로 길이 6 cm 원기둥을 만들어 3 cm씩 2등분한다(26쪽 클레이 롤링 방법 참고).

③ 삼각기둥의 왼쪽 면에 아래부터 4-2-4-2의 순서로 원기둥을 붙인다.

④ 오른쪽 면에 아래부터 3-2-3-2의 순서로 원기둥을 붙인다.

⑤ 5번 클레이로 ②와 크기가 같은 원기둥을 만들어 삼각기둥의 맨 위에 올린다.

⑥ 6번 클레이로 윗면을 시트(다이얼 [7] 덮기 한다(28쪽 시트 덮기 방법 참고).

⑦ 삼각기둥을 10 cm로 늘인 다음 2.5 cm씩 4등분한다.

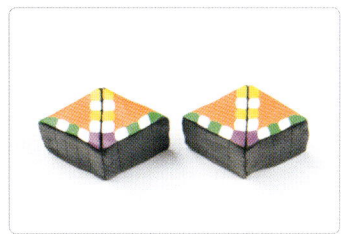

⑧ 같은 색이 만나도록 기둥을 2개씩 조합한다.

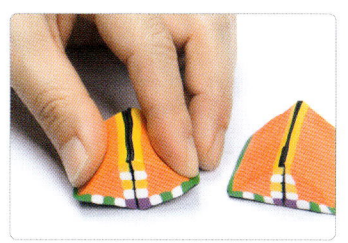

⑨ 시트 덮기한 쪽이 바닥에 닿게 놓고, 밑면이 평평해지도록 양쪽을 아래로 누르면서 다듬는다.

⑩ 세로선이 일치하도록 조합하여 레일 케인을 만든다.

⑪ 케인을 10 cm로 늘인 다음 2.5 cm씩 4등분한다(150쪽 케인 늘이는 방법 참고).

⑫ 1배 조합 레일 케인을 만든다(32쪽 케인 조합하는 방법 참고).

⑬ 케인을 10 cm로 늘인 다음 2.5 cm씩 4등분한다.

⑭ 2배 조합 레일 케인을 완성한다.

14 불꽃 케인

[반복 패턴]

P 4   P 33
2칸   2칸
 1   2

① 1, 2번 클레이로 원기둥(높이 2.5 cm)을 만들어 각각 4등분한다 (30쪽 기둥을 세로로 분할하는 방법 참고).

② 2번 원기둥 4조각을 꼭짓점이 위로 향하도록 나란히 붙인다.

③ 1번 원기둥 4조각을 하나씩 엎어서 끼운다.

④ 밀착이 잘 되도록 위에서 눌러 준다.

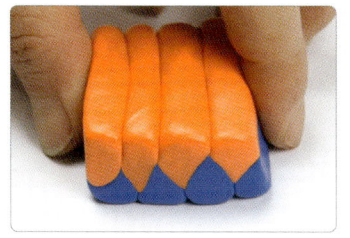

⑤ 빈 공간이 생기지 않도록 윗면과 옆면을 천천히 누르면서 압축하며 사각기둥 형태로 만든다.

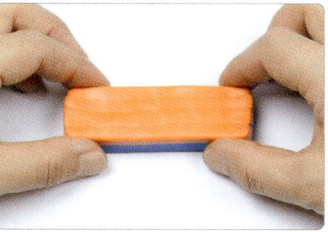

⑥ 약 8 cm 길이로 늘인다(29쪽 원기둥을 변형하여 늘이는 방법 참고).

⑦ 양 끝의 자투리를 잘라내고 4 cm씩 2등분한다.

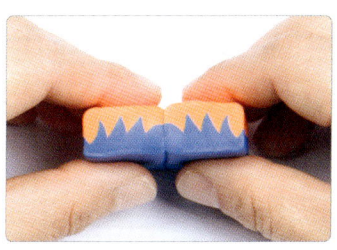

⑧ 반으로 자른 것을 옆으로 붙이고, 8 cm로 늘인다(한 번 조합).

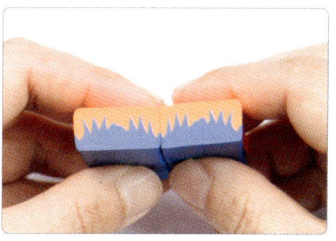

⑨ ⑦과 ⑧ 과정을 반복한다(두 번 조합).

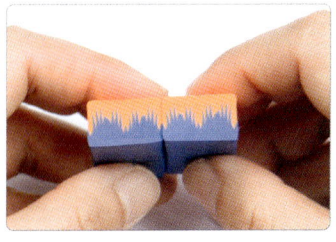

⑩ 다시 반으로 잘라서 옆으로 붙인다(세 번 조합).

⑪ 삼각기둥이 되도록 윗부분을 뾰족하게 모은다.

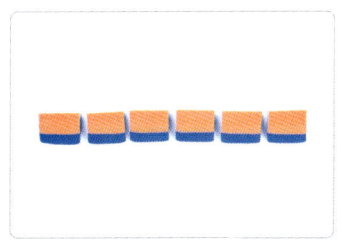

⑫ 삼각기둥을 12 cm로 늘인 다음 2 cm씩 6등분한다(150쪽 케인 늘이는 방법 참고).

⑬ 기둥을 3개씩 꼭짓점이 가운데 모이도록 조합한다.

⑭ 중심선이 일치하게 조합한다(31쪽 기둥끼리 조합하는 방법 참고).

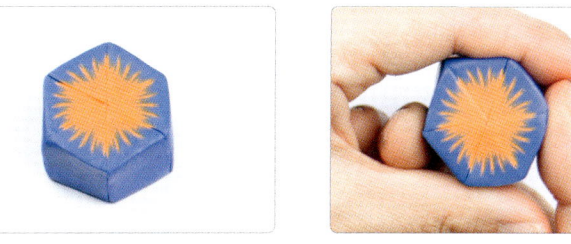

⑮ 손으로 둥글게 다듬어서 불꽃 케인을 완성한다.

15 오로라 케인

① 1번 클레이로 원기둥(높이 3 cm)을 만들어서 4등분한다(30쪽 기둥을 세로 분할하는 방법 참고).

② 꼭짓점이 위로 향하도록 나란히 붙인다.

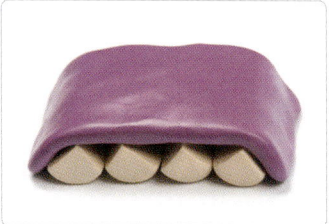

③ 2번 클레이를 ②의 넓이보다 약 1 cm 넓게 손으로 펴서 덮는다.

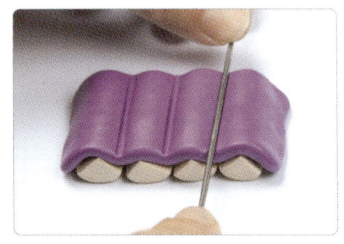

④ 스텐봉으로 ∨부분을 누른다.

⑤ 꼭짓점 부분을 손으로 뾰족하게 다듬는다.

⑥ 3번 클레이를 ⑤의 넓이보다 약 1 cm 넓게 손으로 펴서 덮는다.

⑦ 스텐봉으로 ∨부분을 누른 다음 뾰족하게 다듬는다.

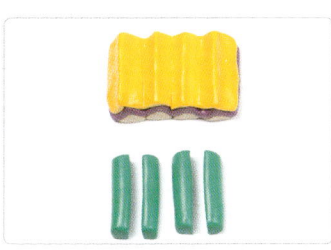

⑧ 4번 클레이를 높이 2.5 cm의 원기둥으로 만들어서 4등분한다.

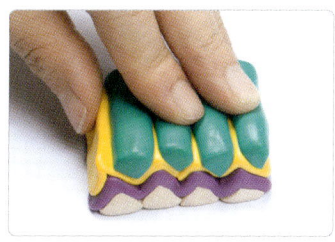

⑨ 4조각을 하나씩 엎어서 끼우고, 밀착이 잘 되도록 위에서 누른다.

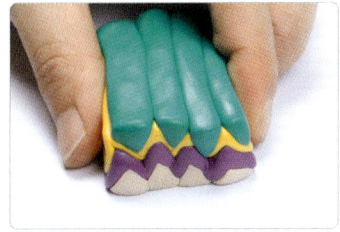

⑩ 빈 공간이 생기지 않도록 양옆을 천천히 누르면서 압축하며 사각기둥 형태로 만든다.

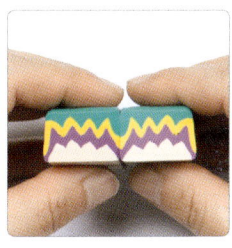
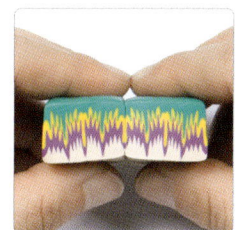

⑪ 불꽃 케인 만들기 ⑥~⑩ 과정(66, 67쪽)을 반복한다.

⑫ 정사각형 케인으로 다듬어서 오로라 케인을 완성한다.

* 완성한 케인을 2등분하여 16 물결 케인을 만들 수 있어요.

⟩⟩⟩ TIP **오로라 케인의 활용**

완성된 오로라 케인으로 불꽃 케인 만들기 ⑪~⑮과정을 반복하면, 다양한 색감의 불꽃 케인을 만들 수 있다.

①

②

③

④

16 물결 케인

[반복 패턴]

오로라 케인

• 앞에서 만든 오로라 케인의 ½ 사용

① 오로라 케인을 사진과 같은 방향으로 꼭짓점을 만들어 삼각기둥으로 만든다.

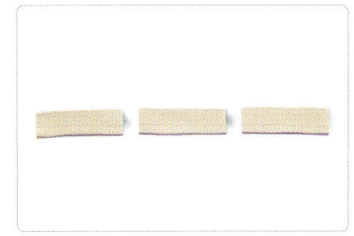

② 삼각기둥을 12 cm로 늘인 다음 4 cm씩 3등분한다(150쪽 케인 늘이는 방법 참고).

③ 같은 색 기둥끼리 만나도록 조합한다.

④ 조합한 기둥을 2 cm씩 2등분한다.

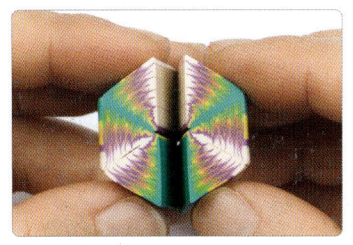

⑤ 같은 색이 만나도록 중심선이 일치하게 조합한다(31쪽 기둥끼리 조합하는 방법 참고).

⑥ 손으로 둥글게 다듬어서 물결 케인을 완성한다.

삼각 · 사각 기둥 조합 케인

17 바람개비 1 케인

[반복 패턴]

P9	P0
2칸	2칸
1	2

① 1, 2번 클레이로 크기가 같은 사각기둥(높이 3 cm)을 만든다.

② 각각 대각선 방향으로 2등분한다(30쪽 기둥을 세로로 분할하는 방법 참고).

③ 자르면서 눌린 삼각기둥을 반듯하게 다듬는다.

④ 색이 다른 삼각기둥끼리 조합하여 사각기둥 2개를 만든다.

⑤ 사각기둥을 각각 5 cm로 늘인 다음, 2.5 cm씩 2등분한다(150쪽 케인 늘이는 방법 참고).

⑥ 서로 다른 색이 만나도록 사각
기둥을 2개씩 조합한다(31쪽 기둥끼
리 조합하는 방법 참고).

⑦ 중심선이 일치하도록 조합하여
바람개비 1 케인을 만든다.

⑧ 케인을 8cm로 늘인 다음, 2cm
씩 4등분한다.

⑨ 1배 조합 바람개비 1 케인을 완성한다(32쪽 케인 조합
하는 방법 참고).

>>> TIP **다양한 패턴 만들기**

바람개비 1 케인 만들기 과정 ⑥에서의 조합방법에 따라서 다양한 패턴의 케인을 만들 수 있다.

18 바람개비 2 케인

[반복 패턴]

P 80   P 4

2칸   2칸

1   2

① 1, 2번 클레이로 크기가 같은 사각기둥(높이 3 cm)을 만든다.

② 각각 대각선 방향으로 2등분한다(30쪽 기둥을 세로로 분할하는 방법 참고).

③ 자르면서 눌린 삼각기둥을 반듯하게 다듬는다.

④ 1, 2번 삼각기둥 1개씩만 다시 반으로 자른다.

⑤ 자른 클레이를 반듯하게 다듬고, 작은 삼각기둥끼리 조합한다.

⑥ 남아있는 큰 삼각기둥과 조합하여 사각기둥 2개를 만든다(31쪽 기둥끼리 조합하는 방법 참고).

⑦ 사각기둥을 각각 8 cm로 늘인 다음, 2 cm씩 4등분한다(150쪽 케인 늘이는 방법 참고).

⑧ 삼각형 문양이 90°씩 회전하도록 사각기둥 2개씩 조합하여 마주 보게 한다.

⑨ 중심선이 일치하도록 조합하여 바람개비 2 케인을 완성한다.

19 마름모 케인

[반복 패턴]

P 200	P 500
2칸	2칸
1	2

① 1, 2번 클레이로 크기가 같은 사각기둥(높이 3 cm)을 만든다.

② 각각 대각선 방향으로 2등분한다(30쪽 기둥을 세로로 분할하는 방법 참고).

③ 자르면서 눌린 삼각기둥을 반듯하게 다듬는다.

④ 색이 다른 삼각기둥끼리 조합하여 사각기둥 2개를 만든다.

⑤ 조합한 반대 방향의 대각선으로 2등분한다.

⑥ 자르면서 눌린 삼각기둥과 기둥의 세로선을 반듯하게 다듬는다.

⑦ 서로 다른 색끼리 조합하여 사각기둥 2개를 만든다(31쪽 기둥끼리 조합하는 방법 참고).

⑧ 사각기둥을 각각 5 cm로 늘인 다음, 2.5 cm씩 2등분한다(150쪽 케인 늘이는 방법 참고).

⑨ 같은 색이 만나도록 사각기둥을 2개씩 조합한다.

⑩ 중심선이 일치하도록 조합하여 마름모 케인을 완성한다.

20 지그재그 케인

[반복 패턴]

P 17	P 62	P 100	P 34
1.5칸	1.5칸	1.5칸	1.5칸
1	2	3	4

① 1~4번 클레이로 크기가 같은 사각기둥(높이 4 cm)을 만든다.

② 각각 2 cm씩 2등분한다.

③ 사각기둥 8개를 각각 대각선 방향으로 잘라 2등분한다(30쪽 기둥을 세로로 분할하는 방법 참고).

④ 자르면서 눌린 삼각기둥을 반듯하게 다듬는다.

⑤ 1, 2번 삼각기둥을 조합하여 사각기둥 A를 만든다.

A

⑥ 2, 3번 삼각기둥을 조합하여 사각기둥 B를 만든다.

⑦ 3, 4번 삼각기둥을 조합하여 사각기둥 C를 만든다.

⑧ 4, 1번 삼각기둥을 조합하여 사각기둥 D를 만든다.

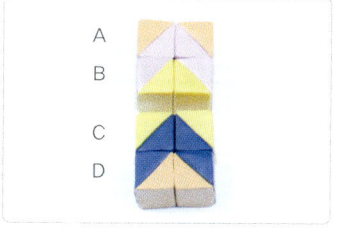

⑨ 기둥 A와 B, 기둥 C와 D끼리 조합한다(31쪽 기둥끼리 조합하는 방법 참고).

⑩ 각각 5 cm로 늘인 다음 2.5 cm 씩 2등분한다(150쪽 케인 늘이는 방법 참고).

⑪ 같은 색 기둥끼리 옆으로 조합한다.

⑫ 중심선이 일치하도록 조합하여 지그재그 케인을 완성한다.

21 회오리 케인

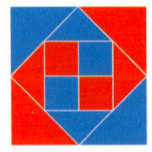

[반복 패턴]

P 200   P 300
3칸   3칸
1   2

• 도안(181쪽 참고)

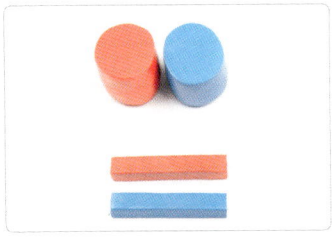

① 1, 2번 클레이로 길이 5 cm의 사각기둥(가로, 세로 0.8 cm)을 만든다(29쪽 원기둥을 변형하여 늘이는 방법 참고).

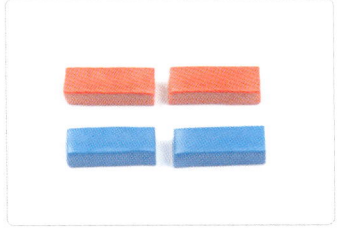

② 각각 2.5 cm씩 2등분한다(도안 1 참고).

③ 서로 다른 색 기둥끼리 조합하여 마주보게 한다.

④ 중심선이 일치하도록 조합한다(31쪽 기둥끼리 조합하는 방법 참고).

⑤ 조합한 사각기둥의 한 변의 길이를 잰다.

⑥ 1, 2번 클레이로 사각기둥(높이 2.5 cm)을 만든다(도안 2 참고).

★ ⑤에서 잰 길이와 사각기둥의 대각선 길이가 같아야 해요!

⑦ 대각선 방향으로 2등분하여 삼각기둥을 만든다(30쪽 기둥을 세로로 분할하는 방법 참고).

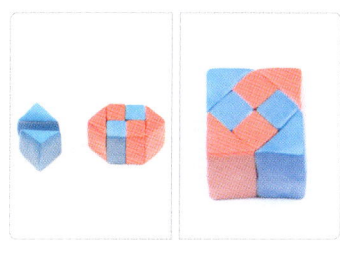

⑧ 반듯하게 다듬은 후 같은 색의 삼각기둥이 마주보게 붙인다.

⑨ 조합한 사각기둥의 한 변의 길이를 잰다.

⑩ 1, 2번 클레이로 사각기둥(높이 2.5 cm)을 만든다(도안 3 참고).
★ ⑨에서 잰 길이와 사각기둥의 대각선 길이가 같아야 해요!

⑪ 대각선 방향으로 2등분하여 삼각기둥을 만든다.

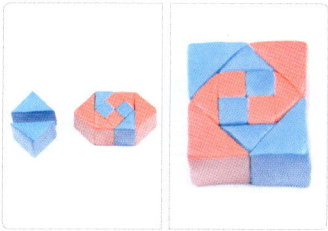

⑫ 반듯하게 다듬은 후 같은 색의 삼각기둥이 마주보게 붙여 회오리 케인을 만든다.

⑬ 케인을 8 cm로 늘인 다음, 2 cm씩 4등분한다(150쪽 케인 늘이는 방법 참고).

⑭ 1배 조합 회오리 케인을 만든다 (32쪽 케인 조합하는 방법 참고).

>>> TIP   조합할 때 유의점

기둥이 만나는 부분의 모양을 확인하고 조합한다.
회오리 케인을 조합할 때 세로선이 만나는 부분이 회오리 문양이 되었는지를 꼭 확인해야 한다.

⑮ 케인을 8 cm로 늘인 다음, 2 cm씩 4등분한다.

⑯ 세로선이 일치하도록 조합하여 2배 조합 회오리 케인을 완성한다.

원기둥 조합 케인

22 사각 뜨개 케인

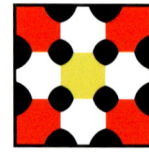

[반복 패턴]

P 1	P 0	P 200	P 9	P 9
0.5칸	2칸	2칸	1.5칸	1.5칸
1	2	3	4	5

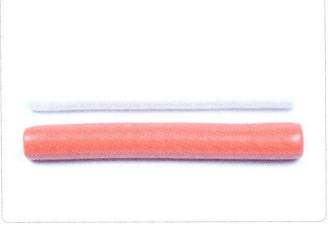

① 2, 3번 클레이로 지름이 같은 원기둥(길이 10 cm)을 만든다(26쪽 클레이 롤링 하는 방법 참고).

② 각각 2.5 cm씩 4등분한다.

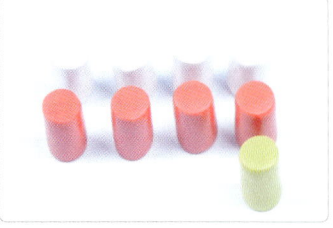

③ 1번 클레이도 ②의 원기둥과 같은 크기로 만든다.

④ 4번 클레이를 길이 30 cm 원기둥으로 늘인 다음, 2.5 cm씩 12등분한다.

⑤ 2-1-2의 순서대로 배열한다.

⑥ 원기둥과 원기둥 사이 홈에 4를 끼운다(4개).

⑦ 1의 위와 아래에 2를 끼운다 (2개).

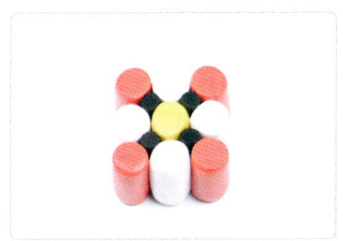

⑧ 모서리에 3을 조합한다(4개).

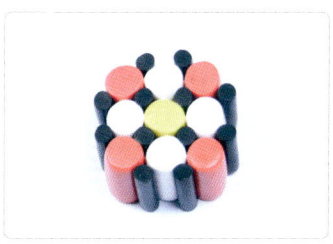

⑨ 테두리 홈에 4를 끼운다(8개).

⑩ 옆으로 눕혀서 빈공간이 없도록 기둥의 네 면을 모두 눌러준다.

⑪ 모서리를 반듯하게 잡는다.

⑫ 5번 클레이로 시트(다이얼 ⑥) 감기 하여 사각 뜨개 케인을 완성한다(28쪽 시트 감기 방법 참고).

⑬ 케인을 12 cm로 늘인 다음, 3 cm씩 4등분한다(150쪽 케인 늘이는 방법 참고).

⑭ 세로선이 일치하도록 조합하여 1배 조합 사각 뜨개 케인을 완성한다(32쪽 케인 조합 방법 참고).

23 전통 문양 케인

[반복 패턴]

E 60ㅏ	E 10ㅏ	E 20ㅏ	E 37ㅏ
1칸	3칸	3칸	1칸
1	2	3	4

① 1번(2.5 cm), 2・3번(7.5 cm), 4번(15 cm) 클레이로 원기둥을 만든다(26쪽 클레이 롤링 방법 참고).

② 각각 2.5 cm씩 자른다(1번 : 1개, 2・3번 : 3개, 4번 : 6개).

③ 1을 중심으로 2와 3을 번갈아 가며 붙인다.

④ 테두리 홈에 4를 끼운다(6개).

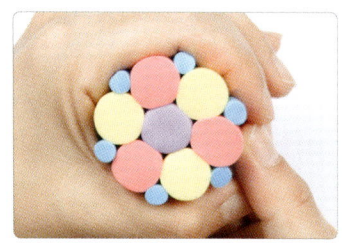

⑤ 빈 공간이 없도록 둥글게 안으로 모은다.

⑥ 삼각기둥으로 만든다.

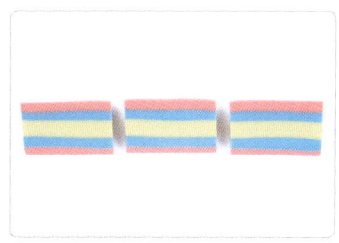

⑦ 삼각기둥을 12 cm로 늘인 다음 4 cm씩 3등분한다(29쪽, 150쪽 늘이는 방법 참고).

⑧ 삼각기둥을 세로선에 맞춰 조합한다.

⑨ 조합한 기둥을 2 cm씩 2등분한다.

⑩ 세로선이 일치하도록 조합한다 (31쪽 기둥끼리 조합하는 방법 참고).

⑪ 손으로 둥글게 다듬어서 전통 문양 케인을 완성한다.

24 모자이크 케인

P 4	P 5	P 32	P 33	P 34	P 0
0.5칸	0.5칸	1칸	1칸	1칸	3칸
1	2	3	4	5	6

① 1~5번 클레이로 원기둥(높이 2.5 cm)을 만든다.

② 6번 클레이로 각각 시트(다이얼 ⑦) 감기 한다(28쪽 시트 감기 방법 참고).

③ 원기둥을 모아서 하나의 기둥으로 만든다.

④ 칼을 수직으로 내려서 원기둥을 가른다.

⑤ 6번 클레이로 시트(다이얼 ⑦) 덮기 한다(28쪽 시트 덮기 방법 참고).

⑥ 시트 덮기한 기둥을 뒤집어서 조합한다.

⑦ ④~⑥을 10회 내외로 자유롭게 반복한다(TIP의 방법도 함께 사용).

⑧ 모서리를 다듬어 모자이크 케인을 완성한다.

>>> TIP   색 분산시키는 방법

색이 특정 부분에 몰려있을 때 색을 분산시키는 방법을 알아보자.

① 한 가지 색상이 몰려있는 부분에 칼을 수직으로 내려서 가른다.

② 한 쪽 면을 시트 덮기한다.

③ 시트를 덮지 않을 쪽을 다른 원기둥의 외곽에 붙여서 몰려있는 색상을 멀리 보낸다.

④ 튀어나온 부분을 안으로 모은다.

25 오렌지 꽃 케인

[반복 패턴]

P 62	P 61
3칸	1.5칸
1	2

① 1번 클레이로 원기둥(높이 3 cm)을 만들고, 2번 클레이로 시트(다이얼 ⑥) 감기 한다(28쪽 시트 감기 방법 참고).

② 15 cm로 늘인 다음 2.5 cm씩 6등분한다(26쪽 클레이 롤링 방법 참고).

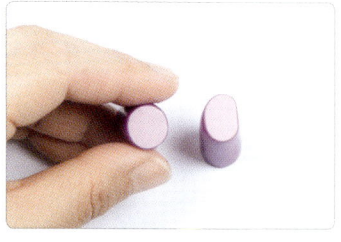

③ 자르면서 찌그러진 원기둥을 동그랗게 다듬는다.

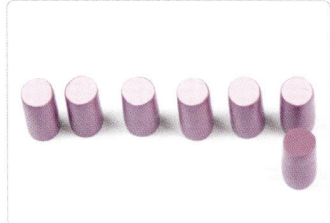

④ 2번 클레이로 크기가 같은 원기둥 1개를 만든다.

⑤ 2번 기둥 둘레에 1번 기둥 6개를 조합한다(31쪽 기둥끼리 조합하는 방법 참고).

⑥ 빈 공간이 없도록 둥글게 안으로 모은다.

⑦ 원기둥을 15 cm로 늘인 다음 2.5 cm씩 6등분한다(150쪽 케인 늘이는 방법 참고).

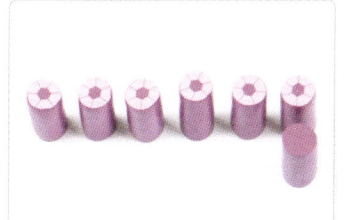

⑧ 남은 2번 클레이로 크기가 같은 원기둥을 1개 만든다.

⑨ 2번 기둥 둘레에 1번 기둥 6개를 조합한다.

⑩ 둥글게 다듬어서 오렌지 꽃 케인을 완성한다.

* 완성한 오렌지 꽃 케인은 32 꽃 케인(110쪽)을 만들 때 중심기둥으로 사용할 수 있어요.

{ 겹쌓기 케인과 응용 }

26 겹쌓기 케인

P 6	P 02	P 33	P 61	P 62	P 80
1칸	1칸	1칸	1칸	1칸	1.5칸
1	2	3	4	5	6

• 도안(181쪽 참고)

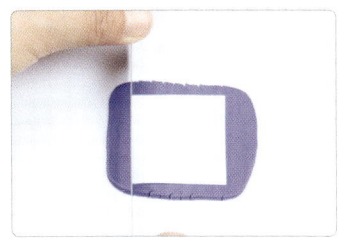

① 1번 클레이로 시트(다이얼 1)를 만든 후 도안을 대고 자른다 (27쪽 시트 만드는 방법 참고).

② 2번 클레이로 시트(다이얼 4)를 만든 후 그 위에 ①을 올려 같은 크기로 자른다.

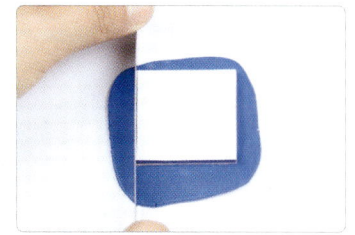

③ 3번 클레이로 시트(다이얼 2)를 만든 후 ②를 올려 같은 크기로 자른다.

④ 4번 클레이로 시트(다이얼 5)를 만든 후 ③을 올려 같은 크기로 자른다.

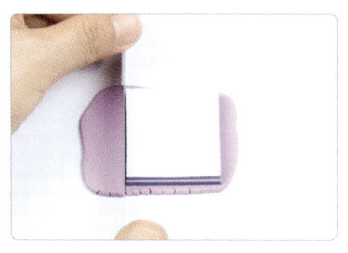

⑤ 5번 클레이로 시트(다이얼 1)를 만든 후 ④를 올려 같은 크기로 자른다.

⑥ 6번 클레이로 시트(다이얼 1과 3) 2장을 만들어 포갠 후 ⑤를 올려 같은 크기로 자른다.

⑦ 3번 클레이로 시트(다이얼 ③)
를 만든 후 ⑥을 올려 같은 크기로
자른다.

⑧ 1번 클레이로 시트(다이얼 ④)
를 만든 후 ⑦을 올려 같은 크기로
자른다.

⑨ 5번 클레이로 시트(다이얼 ③)
를 만든 후 ⑧을 올려 같은 크기로
자른다.

⑩ 4번 클레이로 시트(다이얼 ②)
를 만든 후 ⑨를 올려 같은 크기로
자른다.

⑪ 2번 클레이로 시트(다이얼 ①)
를 만든 후 ⑩을 올려 같은 크기로
자른다.

⑫ 6번 클레이로 시트(다이얼 ③)
를 만든 후 ⑪을 올려 같은 크기로
자른다.

⑬ 위에서 아래로 눌러 높이 2.5cm
로 압축한다.

⑭ 테두리를 다듬어서 겹쌓기 케인
을 완성한다.

27 캔디 케인

[반복 패턴]

P 1	P 17	P 57	P 77
1.5칸	1.5칸	1.5칸	1.5칸
1	2	3	4

• 도안(181쪽 참고)

① 1~4번 클레이를 손으로 넓게 (9×2 cm) 편다(27쪽 시트 만드는 방법 참고).

② 각각의 클레이로 시트(다이얼 ①)를 만든다.

③ 도안 1을 1번 시트 위에 놓고, 반듯하게 자른다.

④ ③을 2번 시트 위에 놓고, 같은 크기로 자른다.

⑤ ④를 3번 시트 위에 놓고, 같은 크기로 자른다.

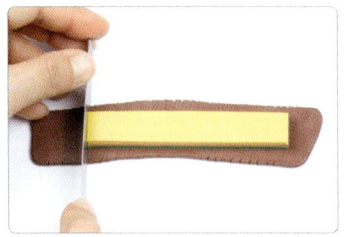

⑥ ⑤를 4번 시트 위에 놓고, 같은 크기로 자른다(총 4겹).

⑦ 4겹 시트를 2.5cm씩 5등분한다.

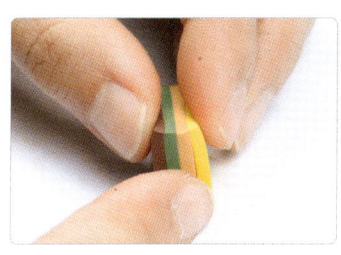

⑧ 길이 2.5cm인 면을 가운데로 모아서 삼각기둥으로 다듬는다.

⑨ 이등변 삼각형 모양의 삼각기둥을 만든다.

⑩ 눕혀서 양쪽 옆면도 반듯하게 다듬는다(도안 2 참고, 5개).

⑪ 삼각기둥 5개의 꼭짓점이 중심에 모이도록 반원 형태로 조합한다(도안 3 참고).

⑫ 반원기둥을 5cm로 늘인 다음 2.5cm씩 2등분한다.

⑬ 다른 색이 마주보게 한 후 중심선이 일치하도록 조합하여 캔디 케인을 완성한다(31쪽 기둥끼리 조합하는 방법 참고).

>>> TIP   삼각형의 꼭짓점으로 색 모으는 방법

캔디 케인 만들기 과정 ⑧에서 꼭짓점에 4개의 색이 가지런히 모이도록 하는 방법을 알아보자.

① 삼각기둥 양쪽 가장자리의 색이 꼭짓점에서 조금씩 벗어나 있다.

② 양쪽 가장자리 색을 손으로 꼭짓점까지 쓸어내린다.

③ 양쪽의 색이 모두 꼭짓점에 모여 있다.

28 풍차 케인

[반복 패턴]

	P 9	E 106	P 4	E 405	P 300	E 386
	1.5칸	2칸	1.5칸	2칸	1.5칸	2칸
	1	2	3	4	5	6

• 도안(181쪽 참고)

① 1~6번 클레이를 손으로 넓게 (10×2 cm) 편다(27쪽 시트 만드는 방법 참고).

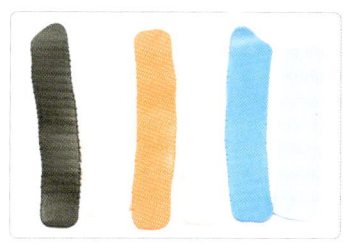

② 각각의 클레이로 시트(다이얼 ①)를 만든다.

③ 도안 1을 1번 시트 위에 놓고, 칼로 반듯하게 자른다.

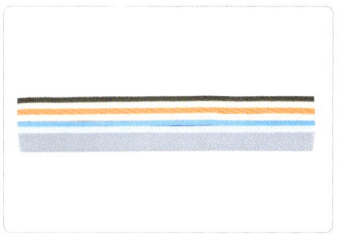

④ 2~6번 시트를 쌓고 자르는 과정을 반복하여 총 6겹의 시트를 만든다(98쪽 캔디 케인 ③~⑥ 참고).

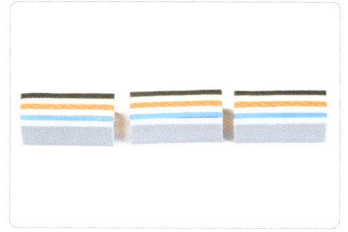

⑤ 6겹 시트를 4 cm씩 3등분한다.

⑥ 길이 4 cm인 면을 가운데로 모아서 삼각기둥으로 다듬는다.

⑦ 정삼각형 모양의 삼각기둥(도안 2)을 만든다(99쪽 캔디 케인 ⑨와 ⑩, TIP 참고).

⑧ 삼각기둥 3개가 60°씩 회전하도록 조합한다(도안 3 참고).

⑨ 옆으로 눕히고 2 cm씩 2등분한다.

⑩ 중심선이 일치하도록 조합하여 풍차 케인을 완성한다(31쪽 기둥끼리 조합하는 방법 참고).

29 엮음 케인

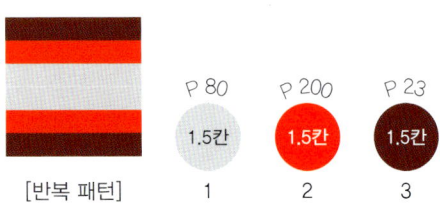

[반복 패턴]

	P 80	P 200	P 23
	1.5칸	1.5칸	1.5칸
	1	2	3

• 도안(182쪽 참고)

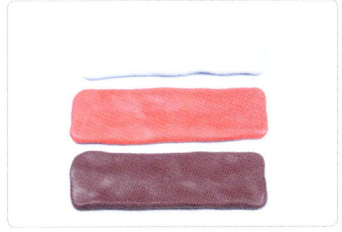

① 1~3번 클레이를 손으로 넓게 (9×2 cm) 편다(27쪽 시트 만드는 방법 참고).

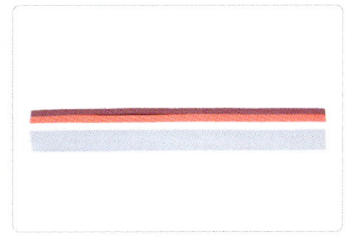

② 98쪽 캔디 케인의 ②~⑤를 반복하여 시트(다이얼 ①)를 3겹으로 쌓는다(도안 참고).

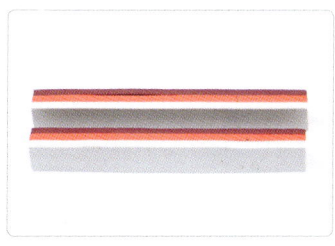

③ 남은 클레이로 ②를 하나 더 만든다.

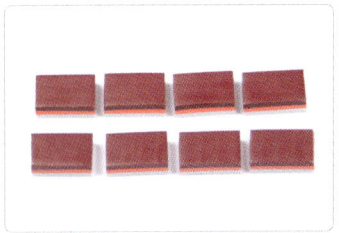

④ 각각 2.5 cm씩 4등분하여, 사각기둥을 총 8개 만든다.

⑤ 사각기둥 2개씩 흰색이 서로 마주보게 하여 조합한다.

⑥ 사각기둥 2개를 90° 회전시켜 나머지 사각기둥과 각각 조합한다.

⑦ 사각기둥이 90°씩 회전하도록 한 후 중심선이 일치하도록 조합하여 엮음 케인을 만든다(31쪽 기둥끼리 조합하는 방법 참고).

⑧ 케인을 8 cm로 늘인 다음 2 cm씩 4등분한다(150쪽 케인 늘이는 방법 참고).

⑨ 1배 조합 엮음 케인을 완성한다(32쪽 케인 조합 방법 참고).

30 햇살 케인

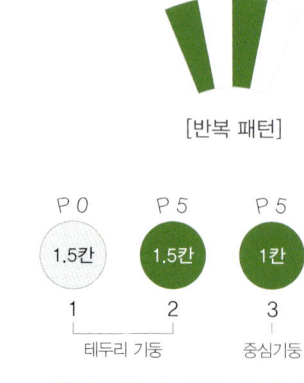

[반복 패턴]

P 0	P 5	P 5
1.5칸	1.5칸	1칸
1	2	3
테두리 기둥		중심기둥

• 재료 및 도구 : 랩, 도안(182쪽 참고)

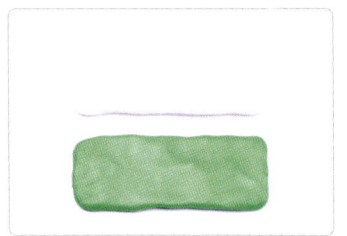

① 1, 2번 클레이를 손으로 넓게 (8×3 cm) 편다(27쪽 시트 만드는 방법 참고).

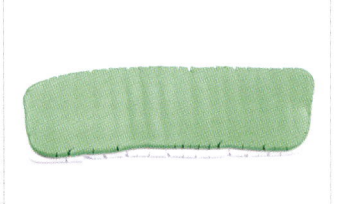

② 각각의 클레이를 시트(다이얼 ①)로 만든 후 포갠다.

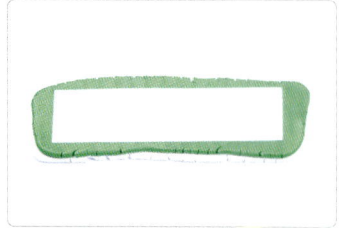

③ 시트 위에 도안을 놓고 자른다.

④ 5 cm씩 2등분하고 다시 포갠다.

⑤ 윗면에 0.6 cm 간격으로 표시하고, 수직으로 자른다(테두리 기둥 8개, 도안 참고).

⑥ 윗부분을 손으로 잡고 가운데로
살짝 모은다.

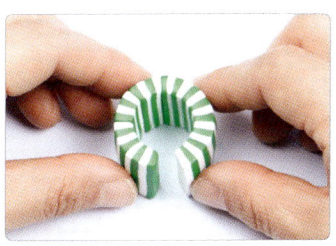

⑦ 테두리 기둥 8개를 조합하고, 원
형태로 오므려서 중심기둥의 크기
를 가늠해본다.

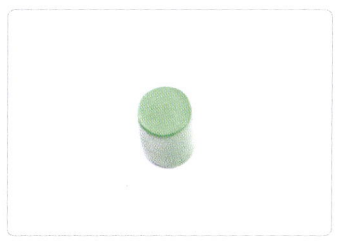

⑧ 3번 클레이로 높이 2.5 cm의
원기둥을 만든다.

⑨ 테두리 기둥을 벌려서 원기둥을
끼운다(TIP 참고).

⑩ 테두리를 다듬어서 햇살 케인을
완성한다.

>>> TIP   원기둥 크기 가늠하는 방법

원기둥을 랩으로 감싸고 테두리 기둥 안으로 넣어서 원기둥의 크기를 가늠할 수 있다.

31 Y 케인

[반복 패턴]

P 02	P 57	P 77	P 0
2.5칸	2.5칸	2.5칸	0.5칸
1	2	3	4

• 도안(182쪽 참고)

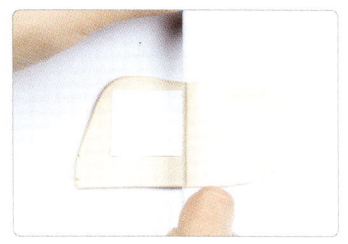

① 1번 클레이로 시트(다이얼 ①)를 만든 후 도안 1을 대고 자른다.

② 도안 1의 크기에 맞춰서 총 5겹의 시트를 쌓는다.

③ 4번 클레이로 시트(다이얼 ⑥)를 만들어 윗면에 덮는다.

④ ③을 세워서 도안 2를 대고 선을 표시한다(TIP 참고).

⑤ 표시선을 따라서 자른다.

⑥ 2, 3번 클레이로 ①~⑤를 반복하여 기둥 3개를 만든다.

⑦ 중심점이 정확하게 맞물리도록 조합한다(도안 3 참고).

⑧ 삼각기둥을 16 cm로 늘인 다음 4 cm씩 4등분한다(150쪽 케인 늘이는 방법 참고).

⑨ 같은 색끼리 만나도록 조합하여 삼각기둥을 만든다.

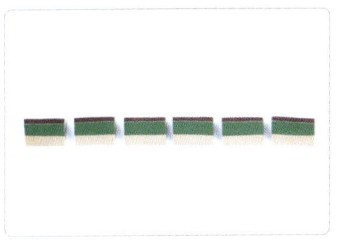

⑩ 삼각기둥을 15 cm로 늘인 다음 2.5 cm씩 6등분한다.

⑪ 같은 색이 만나도록 기둥 3개끼리 조합한다(31쪽 기둥끼리 조합하는 방법 참고).

⑫ 세로선이 일치하도록 조합하여 Y 케인을 완성한다.

>>> TIP 사다리꼴 형태의 기둥을 반듯하게 자르는 방법

① 기둥을 세워서 도안 2를 대고 선을 표시한다.

② 도안의 꼭짓점을 따라서 윗면에 평행선을 긋는다.

③ 그은 선을 따라서 천천히 자른다.

④ 자른 부분을 깔끔하게 다듬는다.

{ 꽃 케인과 응용 }

32 꽃 케인

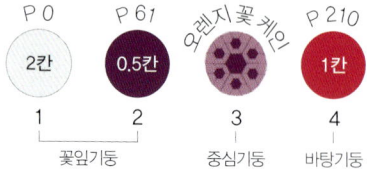

P 0	P 61	오렌지 꽃 케인	P 210
2칸	0.5칸		1칸
1	2	3	4
꽃잎기둥		중심기둥	바탕기둥

• 재료 및 도구 : 둥근 펜

① 1번 클레이로 높이 2.5 cm의 원기둥을 만든다.

② 2번 클레이로 시트(다이얼 ⑦) 감기 한다(28쪽 시트 감기 방법 참고).

③ 원기둥을 12.5 cm로 늘인 다음 2.5 cm씩 5등분하여 꽃잎기둥을 만든다(26쪽 클레이 롤링 방법 참고).

④ 펜의 둥근 부분으로 살짝 눌러 준다.

⑤ 오렌지 꽃 케인으로 꽃잎기둥 지름보다 조금 작게 중심기둥(높이 2.5 cm, 지름 1.5 cm)을 만든다.
＊한 가지 색으로 중심기둥을 만들어도 좋아요.

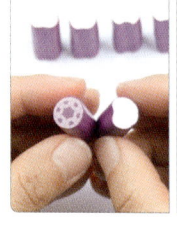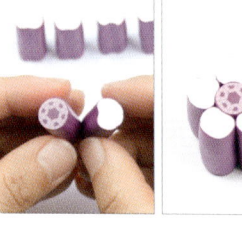

⑥ 꽃잎기둥의 오목한 면을 중심기둥에 조합한다.

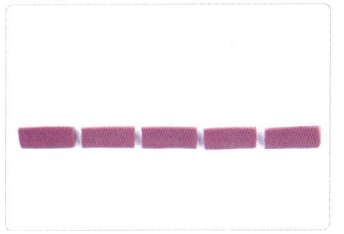

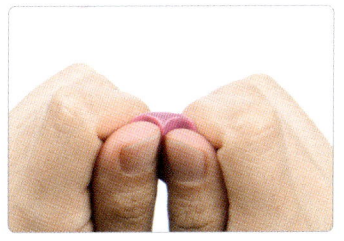

⑦ 4번 클레이로 길이 12.5cm의 높이가 낮은 이등변 삼각기둥을 만든 후 2.5cm씩 5등분한다(29쪽 원기둥을 변형하여 늘이는 방법 참고).

⑧ 엄지와 검지로 삼각기둥의 양끝을 잡고 중심이 산 모양이 되도록 눌러준다(TIP 참고).

＊ 경사가 완만하게 만들어주세요.

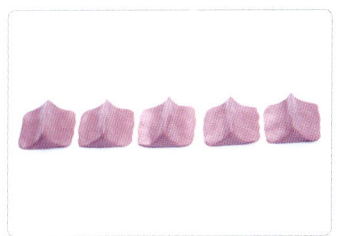

⑨ 양끝을 얇게 편다.

⑩ 꽃잎기둥 사이의 홈에 바탕기둥을 모두 끼워 꽃 케인을 완성한다.

>>> TIP   꽃잎기둥이 찌그러지지 않도록 바탕기둥 만드는 방법

앞

위

① 바탕기둥을 앞과 위에서 본 모양이다. 직선과 곡선 부분을 정확하게 만들도록 한다.

바탕 기둥의 너비

② 바탕기둥의 너비는 꽃잎기둥의 중심에서 중심까지의 너비와 같다.

③ 꽃잎의 문양이 찌그러지지 않으려면 꽃잎기둥과 닿는 바탕기둥이 자연스런 곡선이 되어야 한다.

>>> TIP   바탕기둥의 높이

꽃잎기둥과 꽃잎기둥 사이의 홈의 깊이에 따라서 바탕기둥의 높이가 달라져야 한다.

꽃잎기둥 사이의 홈이 낮은 경우

높이가 낮은 바탕기둥을 만든다.

꽃잎기둥 사이의 홈이 높은 경우

높이가 높은 바탕기둥을 만든다.

33 꽃마리 케인

P 34	P 0	P 4
2.5칸	1칸	1칸
1	2	3
꽃잎기둥	중심기둥	바탕기둥

• 재료 및 도구 : 둥근 펜

① 1번 클레이로 길이 10 cm의 원기둥(지름 약 1.4 cm)을 만들어 2.5 cm씩 4등분한다(26쪽 클레이 롤링 방법 참고).

② 원기둥 3개를 각각 세로로 2등분한다(30쪽 기둥을 세로로 분할하는 방법 참고).

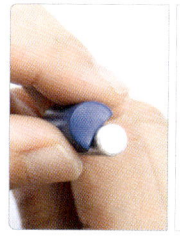

③ 칼로 자른 면을 펜의 둥근 부분으로 눌러 꽃잎기둥을 만든다(꽃잎기둥 5개만 사용).

④ 2번 클레이로 ①과 같은 크기의 원기둥 1개를 만든다.

⑤ 1번 클레이로 시트(다이얼 4) 감기하여 중심기둥을 만든다(28쪽 시트 감기 방법 참고).

＊①과 ②에서 남은 기둥을 ⑤에서 사용하세요.

⑥ 중심기둥에 꽃잎기둥을 하나씩 조합한다(31쪽 기둥끼리 조합하는 방법 참고).

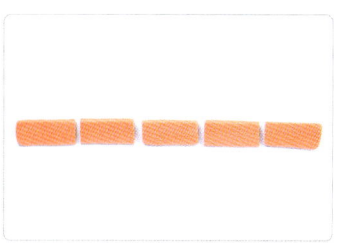

⑦ 3번 클레이로 길이 12.5 cm의 높이가 낮은 이등변 삼각기둥을 만든 후 2.5 cm씩 5등분한다(29쪽 원기둥을 변형하여 늘이는 방법 참고).

⑧ 바탕기둥을 만든다(111쪽 꽃 케인 ⑧과 ⑨, TIP 참고).

⑨ 꽃잎기둥 사이의 홈에 바탕기둥을 모두 끼워 꽃마리 케인을 완성한다.

그러데이션 기법 케인

그러데이션 기법 알아두기

1. 그러데이션 기법

그러데이션은 풍부한 색감을 표현하거나 자연스럽고 화사한 케인을 만들 때 아주 효과적인 표현 기법이다. 클레이를 손으로 충분히 반죽한 후 머신에 넣어야만 클레이의 갈라짐이 없이 그러데이션 할 수 있다. 클레이가 너무 단단할 경우에는 오일을 조금 섞어 부드럽게 반죽한 후 그러데이션 해야 한다.

그러데이션 기본 기법

두 가지 색상의 클레이를 반죽하여 사다리꼴 모양으로 편다.

넓게 편 클레이를 직사각형 형태로 조합한다.

*칼로 반듯하게 다듬을 필요는 없어요.

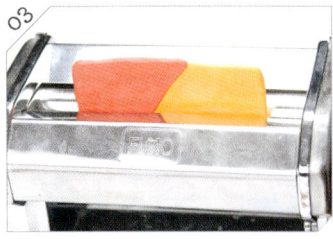

클레이 머신의 두꺼운 단계에 다이얼(①)을 맞추고 가로로 넣고 돌린다.

머신에서 꺼내 가로 방향으로 반 접는다.

접은 클레이를 다시 머신에 넣고 돌린다(다이얼 ③~⑤).

03~05를 10~20회 반복하여 그러데이션이 자연스러워지면 멈춘다.

가로 방향으로 길게 눕히고, 위와 아래를 접어 반듯하게 다듬는다.

양손으로 잡고 두께를 동일하게 만든다.

09

클레이 머신의 두꺼운 단계에 다이얼(①)을 맞추고 길게 세로로 넣고 돌린다.

10

다시 머신의 중간단계에 다이얼(③~⑤)을 맞추고 길게 세로로 넣고 돌린다.

11

길게 늘어난 그러데이션 클레이를 바닥에 넓게 펴고, 부채 접기 하거나 중심 말기 한다.

부채 접기

12

11의 한쪽 끝에서부터 지그재그로 부채 접기 한다.

13

울퉁불퉁한 윗면과 아랫면을 반듯하게 다듬는다.

14

사각기둥이나 원기둥으로 만든다.

중심 말기

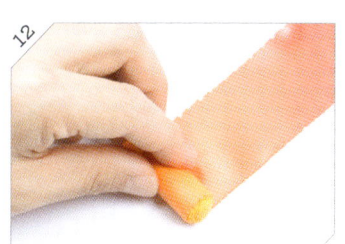

12

11의 한쪽 끝에서부터 끝까지 동그랗게 만다.

13

울퉁불퉁한 윗면과 아랫면을 반듯하게 다듬는다.

14

그러데이션 원기둥을 만든다.

2. 사선 각도에 따른 중간 색상의 변화

 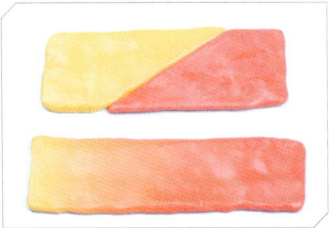

두 가지 색의 클레이를 조합한 사선의 각도에 따라 중간 색상의 양을 조절할 수 있다. 사선의 경사를 완만하게 하여 그러데이션 하면 중간 색상의 범위가 넓어진다.

3. 다양한 색상을 그러데이션 하는 방법

2가지 색상   3가지 색상   4가지 색상

접힌 시트를 머신에 넣는 법

시트를 머신에 넣을 때 클레이에 기포가 생기지 않도록 접힌 부분을 먼저 넣도록 한다.
기포가 생기면 칼끝으로 터트리고 머신에 넣는다.

34 지브라 케인

P 0	P 80	P 9
1.5칸	1.5칸	0.5칸
1	2	3

• 도안(182쪽 참고)

① 1~3번 클레이로 그러데이션 한다(116쪽 그러데이션 기법 참고).

② 부채 접기 하여 높이 5cm의 사각기둥을 만든다(117쪽 부채 접기 참고).

③ 사각기둥을 눕혀서 지그재그로 14조각낸다(도안 참고).

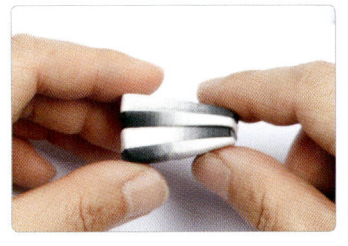

④ 기둥 4개를 사진과 같이 색이 엇갈리게 쌓는다.

* 자른 순서대로 쌓지 않아도 좋아요.

⑤ 기둥 1개를 흰색 끝부분이 뾰족해지도록 다듬는다.

⑥ 흰색 부분이 검정색 사이에 끼이도록 쌓는다.

⑦ 색이 엇갈리도록 기둥 3개를 다시 쌓는다.

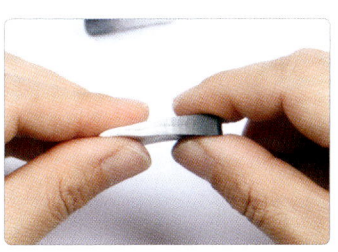

⑧ 기둥 1개를 흰색 끝부분이 뾰족해지도록 다듬는다.

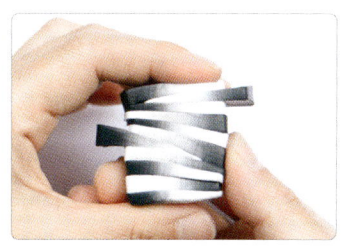

⑨ 흰색 부분이 검은색 사이에 끼이도록 쌓는다.

⑩ 남은 기둥을 엇갈려 쌓는다.

⑪ 양쪽에 튀어나온 부분을 칼로 자른다.

⑫ 위에서 아래로 눌러서 압축시키면서 늘인다.

⑬ 길게 늘여서 지브라 케인을 완성한다.

35 하와이안 케인

[반복 패턴]

P 0	P 1	P 5	P 210	P 210
1.5칸	1.5칸	1.5칸	1.5칸	1칸
1	2	3	4	5

① 1~4번 클레이로 그러데이션 한다(116쪽 그러데이션 기법 참고).

② 흰색이 중심이 되게 중심 말기 한다(117쪽 중심 말기 참고).

③ 세로로 4등분하고, 다시 반을 잘라서 기둥을 총 8개 만든다(30쪽 기둥을 세로로 분할하는 방법 참고).

④ 불꽃 케인(66쪽) ②~⑤와 같이 조합한다.

⑤ 윗면을 뾰족하게 모은 후 밑면이 넓은 이등변 삼각형을 만든다.

⑥ 삼각기둥을 6 cm로 늘인 다음 3 cm씩 2등분한다.

⑦ 삼각기둥의 밑면이 마주보게 조합한다.

⑧ 사각기둥을 12 cm로 늘인 다음 3 cm씩 4등분한다(150쪽 케인 늘이는 방법 참고).

⑨ 같은 색이 만나도록 기둥을 2개씩 조합하고, 마주보게 한다(31쪽 기둥끼리 조합하는 방법 참고).

⑩ 세로선이 일치하도록 기둥들을 조합한다.

⑪ 5번 클레이로 시트(다이얼 ⑥) 감기 하여 하와이안 케인을 완성한다.

36 나뭇잎 케인

P 5		P 17	P 100	P 0	P 9
1칸	+	0.5칸	1.5칸	1칸	1칸
	1(혼합)		2	3	4

• 도안(182쪽 참고)

〈나뭇잎 케인 1〉

① 1~3번 클레이로 그러데이션 한다(116쪽 그러데이션 기법 참고).

② 흰색이 중심이 되게 중심 말기한다(117쪽 중심 말기 참고).

③ 원기둥을 늘히고 손으로 눌러서 반원기둥(길이 12 cm)으로 만든다(150쪽 케인 늘이는 방법 참고).

④ 반원기둥을 3 cm씩 4등분한다.

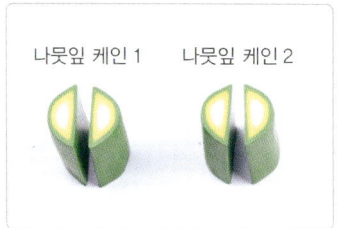

⑤ 기둥 2개로 나뭇잎 케인 1을 만든다(나머지 기둥 2개는 나뭇잎 케인 2를 만드는 데 사용한다).

⑥ 4번 클레이로 한쪽 중심면을 시트(다이얼 8) 덮기 한다.

⑦ 4번 클레이를 조금 떼어 길이 3cm의 원기둥(지름 약 0.3cm)을 만든다.

⑧ 납작하게 누른 후 한쪽 끝을 뾰족하게 다듬어서 시트 덮기한 반원기둥 아랫부분에 붙인다.

* 시트 덮기 하지 않은 반원기둥에 붙여도 상관없어요.

⑨ 나뭇잎 기둥을 조합한다.

⑩ 4번 클레이로 시트(다이얼 ⑧) 감기 하여 나뭇잎 케인 1을 완성한다(28쪽 시트 감기 방법 참고).

〈나뭇잎 케인 2〉

① 나뭇잎 케인 1의 ⑤에서 만든 기둥 2개를 준비한다.

② 4번 클레이로 시트(다이얼 ⑧)를 만든다.

③ 나뭇잎 기둥 윗면에 칼등으로 잎맥을 그려 넣는다(도안 참고).

④ 선을 따라서 칼을 수직으로 내려 자른다(30쪽 기둥을 세로로 분할하는 방법 참고).

⑤ 자른 단면에 4번 시트로 시트 덮기 한다(28쪽 시트 덮기 방법 참고).

⑥ 원래의 위치에 붙이고 다음 잎맥을 자른다.

⑦ ⑤와 ⑥을 반복하여 나뭇잎의 잎맥을 완성한다.

⑧ 한쪽 나뭇잎 중심에 4번 시트로 시트(다이얼 ⑧) 덮기 한다.

⑨ 양쪽 잎맥이 엇갈리게 조합한다.

⑩ 테두리를 시트 감기 하여 나뭇잎 케인 2를 완성한다(28쪽 시트 감기 방법 참고).

37 장미 케인

P 0	E 202	P 9
1.5칸	3칸	0.5칸
1	2	3

• 도안(182쪽 참고)

① 1~3번 클레이로 그러데이션 한다(116쪽 그러데이션 기법 참고).

② 부채 접기 하여 사각기둥을 만든다(117쪽 부채 접기 참고).

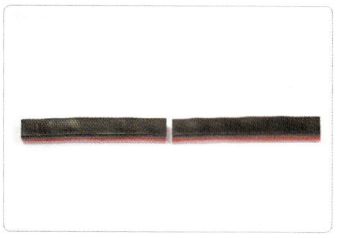

③ 20 cm로 늘인 다음 10 cm씩 2등분한다(150쪽 케인 늘이는 방법 참고).

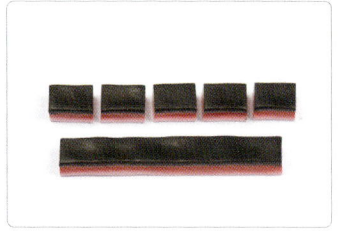

④ 사각기둥 1개만 2 cm씩 5등분한다.

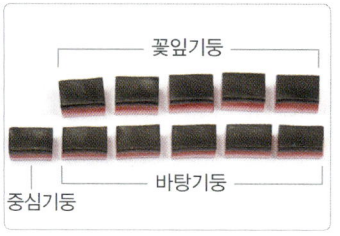

⑤ 나머지 사각기둥은 12 cm로 늘인 다음 2 cm씩 6등분한다.

  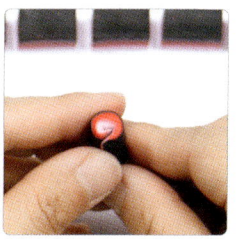 

⑥ ⑤의 기둥 중 하나로 양 끝이 뾰족하고 납작한 유선형 기둥(너비 약 3cm)을 만들어 달팽이 모양으로 감아 중심기둥을 만든다.

⑦ 중심기둥 윗면에 칼등으로 같은 간격으로 점 5개를 찍는다.

  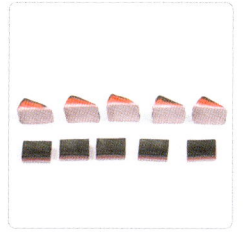

⑧ ④의 기둥으로 한쪽 끝이 뾰족한 꽃잎기둥 5개를 만든다(도안 1 참고).

⑨ 꽃잎기둥의 뾰족한 부분이 중심기둥에 표시한 점과 일직선이 되도록 붙인다.

⑩ 꽃잎기둥을 살살 오므린다(도안 2 참고).

⑪ 남은 사각기둥 5개로 바탕기둥을 만든다(111쪽 꽃 케인 ⑧과 ⑨, TIP 참고).

⑫ 꽃잎기둥 사이의 홈에 바탕기둥을 모두 끼워 장미 케인을 완성한다.

>> TIP **꽃 모양 단추 만드는 방법**

장미 케인, 누름꽃 케인, 오렌지 꽃 케인, 별꽃 케인 등으로 단추를 만들 때 칩의 테두리를 스텐봉이나 칼등으로 눌러주면 꽃 모양 단추로 만들 수 있다.

38 별꽃 케인

[반복 패턴]

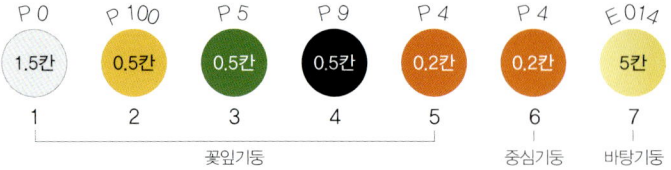

P 0	P 100	P 5	P 9	P 4	P 4	E 014
1.5칸	0.5칸	0.5칸	0.5칸	0.2칸	0.2칸	5칸
1	2	3	4	5	6	7

꽃잎기둥   중심기둥   바탕기둥

• 재료 및 도구 : 이쑤시개, 도안(183쪽 참고)

① 1~3번 클레이로 그러데이션 한다(116쪽 그러데이션 기법 참고).

② 부채 접기 하여 타원기둥(높이 3 cm)을 만든다(117쪽 부채 접기 참고).

③ 4번 클레이로 시트(다이얼 ⑨) 감기 한다(28쪽 시트 감기 방법 참고).

④ 12.5 cm로 늘인 다음 2.5 cm씩 5등분한다(150쪽 케인 늘이는 방법 참고).

⑤ 기둥 3개는 양 끝이 뾰족하고 납작한 유선형 기둥(단면 너비 약 3 cm)으로 만든다.

⑥ 그러데이션이 엇갈리도록 조합한다.

⑦ 남은 기둥 2개를 타원 기둥(단면 너비 약 4 cm)으로 만들어서 양옆에 붙인다.

*양쪽 꼭짓점 부분을 약간 띄우고 붙여주세요.

⑧ 5번 클레이로 원기둥(지름 약 0.3 cm) 2개를 만들어 홈 양쪽에 끼운다.

⑨ 원기둥을 12.5 cm로 늘인 다음 2.5 cm씩 5등분한다(150쪽 케인 늘이는 방법 참고).

⑩ 한쪽 꼭짓점을 뾰족하게 잡아서 꽃잎기둥 5개를 만든다(도안 1 참고).

⑪ 꽃잎기둥의 아랫부분을 이쑤시개로 눌러서 둥근 홈을 만든다.

⑫ 6번 클레이로 중심기둥(지름 약 0.5 cm)을 만든다.

⑬ 중심기둥에 꽃잎기둥을 모두 조합한다(31쪽 기둥끼리 조합하는 방법, 도안 2 참고).

⑭ 7번 클레이로 길이 12.5 cm의 이등변 삼각기둥을 만든 다음 2.5 cm씩 5등분한다(29쪽 원기둥을 변형하여 늘이는 방법 참고).

⑮ 바탕기둥을 만든다(111쪽 꽃 케인 ⑧과 ⑨, TIP 참고).

⑯ 꽃잎기둥 사이 홈에 바탕기둥을 모두 끼워 별꽃 케인을 완성한다.

{ 하트 문양 케인 }

39 하트 케인

P 62   P 61

2칸   2칸

1   2

• 재료 및 도구 : 모양틀

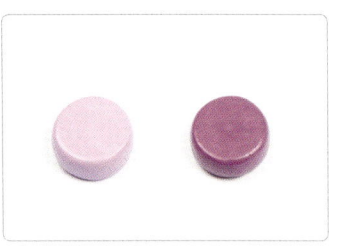

① 1, 2번 클레이로 높이 1.5 cm 의 원기둥을 만든다.

② 중심에 모양틀을 찍는다.

③ 바탕의 한 부분을 일직선으로 잘라서 모양틀을 뺀다.

④ 모양틀 안의 하트를 빼낸다.

⑤ ②~④와 같은 방법으로 나머지 원기둥에서 하트를 빼낸다.

⑥ 하트를 바꿔서 끼운다.

⑦ 둥글게 안으로 모아서 하트 케인을 완성한다.

>>> TIP   모양틀 사용 성공 비법

모양틀을 찍어서 케인을 만들 때는 클레이의 점도가 단단해야 하트 모양이 찌그러지는 것을 막을 수 있다.

>>> TIP   모양틀에서 클레이를 쉽게 빼내는 방법

모양틀 안쪽 면에 면봉을 사용하여 오일을 살짝 발라주면 좀 더 쉽게 클레이를 빼낼 수 있다.

40 하트 꽃 케인

[반복 패턴]

P 100	P 9
2칸	2칸
1	2

• 도안(183쪽 참고)

① 1번 클레이로 타원형 기둥(높이 3 cm)을 만든다(도안 1 참고).

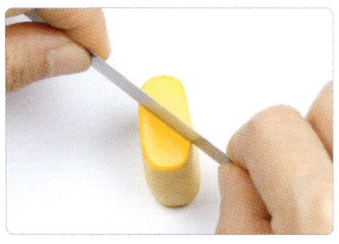

② 사선 방향으로 2등분 한다(30쪽 기둥을 세로로 분할하는 방법 참고).

③ 기둥 1개를 뒤집어서 조합하여 하트기둥을 만든다.

④ 2번 클레이로 시트(다이얼 ③) 감기 한다(28쪽 시트 감기 방법 참고).

⑤ 2번 클레이로 지름 1 cm의 원기둥을 만든 후 바탕기둥을 만든다(111쪽 꽃 케인 ⑦~⑨, TIP, 도안 2 참고).

⑥ 바탕기둥을 하트기둥 홈에 끼운다.

⑦ 하트기둥을 12.5 cm로 늘인 다음 2.5 cm씩 5등분한다(150쪽 케인 늘이는 방법 참고).

⑧ 꽃잎기둥 5개의 끝을 뾰족하게 다듬고 조합한다(31쪽 기둥끼리 조합하는 방법, 도안 3 참고).

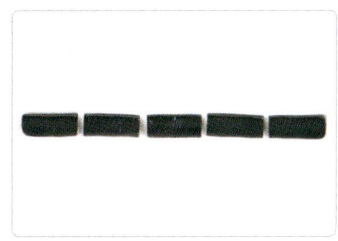

⑨ 남은 2번 클레이로 이등변 삼각기둥(길이 12.5 cm)을 만든 다음 2.5 cm씩 5등분한다(29쪽 원기둥을 변형하여 늘이는 방법 참고).

⑩ 바탕기둥을 만든다(111쪽 꽃 케인 ⑧과 ⑨, TIP 참고).

⑪ 꽃잎기둥 사이 홈에 바탕기둥을 모두 끼워 하트 꽃 케인을 완성한다.

{ 다양한 케인 }

41 오렌지 케인

[반복 패턴]

P 4	P 0	P 0	P 4
2칸	1.5칸	2.5칸	2칸
1	2	3	4

중심기둥   테두리 기둥

• 도안(183쪽 참고)

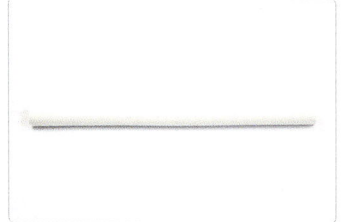

① 1번 클레이로 원기둥(높이 3 cm)을 만들고, 2번 클레이로 시트(다이얼 ①) 감기 한다(28쪽 시트 감기 방법 참고).

② 시트 감기한 원기둥을 17 cm로 늘인다(26쪽 클레이 롤링 방법 참고).

③ 원기둥의 한쪽 부분만 뾰족하게 다듬는다(길이 20 cm, 도안 1 참고).

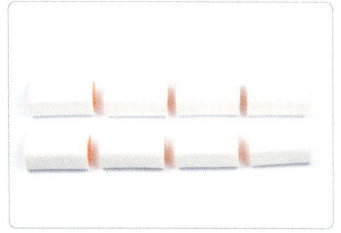

④ 다듬은 원기둥을 2.5 cm씩 8등분한다.

⑤ 기둥 4개씩 반원 모양으로 조합한다(도안2 참고).

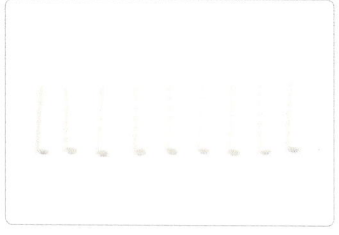

⑥ 남은 2번 클레이로 원기둥(지름 0.3 cm, 길이 22.5 cm)을 만든 다음 2.5 cm씩 9등분한다.

  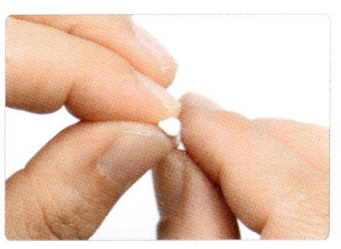

⑦ 가운데 홈에 원기둥 1개를 끼우고 기둥 2개를 조합한다.

⑧ 나머지 원기둥 8개를 한쪽 부분만 뾰족하게 다듬는다.

⑨ 중심기둥 테두리 홈에 다듬은 기둥 8개를 모두 끼운다.

⑩ 3번 클레이로 시트(다이얼 ⎡1⎤과 ⎡3⎤) 감기를 2번 한다.

⑪ 4번 클레이로 시트(다이얼 ⎡2⎤) 감기 하여 오렌지 케인을 완성한다.

42 골드키위 케인

[반복 패턴]

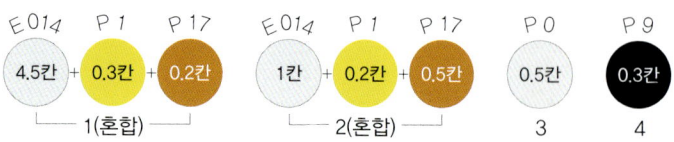

• 재료 및 도구 : 아이스크림 스틱, 도안(183쪽 참고)

① 1번 클레이로 ⑤에서 사용할 가로 3 cm, 세로 10 cm 시트(다이얼 ③)를 만든다(27쪽 시트 만드는 방법 참고).

② 남은 1번 클레이로 사다리꼴 기둥(높이 3 cm)을 만든다(도안 1 참고).

③ 스틱으로 눌러서 홈을 만들고, 도안 2와 같은 형태로 다듬는다.

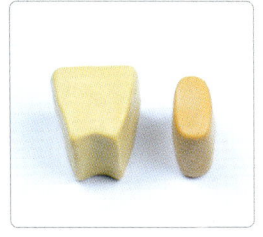

④ 2번 클레이로 타원기둥(높이 3 cm)을 만들어서 홈에 끼운다(도안 2 참고).

⑤ ①에서 만들어 둔 시트를 반으로 잘라서 양 옆면에 붙인다.

⑥ 3번 클레이로 한쪽 면에 시트(다이얼 ④) 덮기 한다(28쪽 시트 덮기 방법 참고).

⑦ 6 cm로 늘인 다음 3 cm
씩 2등분한다.

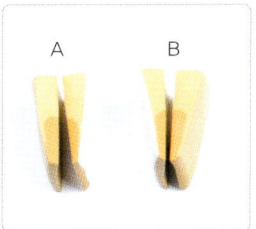

⑧ 각각 반으로 가른다.

⑨ A기둥을 펼친 후 기둥
아랫부분을 스틱으로 눌
러 홈 1개를 만든다.

⑩ 4번 클레이로 원기둥(지
름 약 0.5 cm, 길이 9 cm)
을 만든 다음 3 cm씩 3등
분한다(키위 씨).

⑪ 홈에 ⑩의 기둥을 끼워
조합한다.

⑫ B기둥을 펼친 후 나머지 기둥 아랫부분에 홈 2개를 만들고 ⑩에서 만든 기둥 2개
를 끼워 조합한다.

⑬ 완성한 기둥 2개를 붙
인다.

⑭ 사다리꼴 형태를 유지
하며 21 cm로 늘인 다음
3 cm씩 7등분한다(150쪽
케인 늘이는 방법 참고).

⑮ 기둥을 조합하여 반원기
둥을 만드는데, 지름 1 cm
반원기둥이 들어갈 자리를
남겨둔다.

⑯ 3번 클레이로 반원기
둥(지름 1 cm)을 만들어
끼운다.

⑰ 6 cm로 늘인 다음 3 cm
씩 2등분한다.

⑱ 세로선을 조합하여 골
드키위 케인을 완성한다.

43 눈꽃 케인

[반복 패턴]

E 04   E 204

6.5칸   2칸

1   2

• 재료 및 도구 : 빨대, 도안(183쪽 참고)

① 1번 클레이로 한 변의 길이가 5 cm인 정삼각기둥을 만든다.

② 삼각기둥을 반으로 자른다(30쪽 기둥을 세로로 분할하는 방법 참고).
*이하 자른 면을 중심선이라 함.

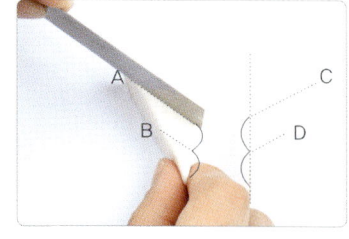

③ 중심선 아래의 꼭짓점에서부터 위로 1 cm, 1 cm 지점에 사선방향으로 A~D의 선을 표시한다(도안 참고).

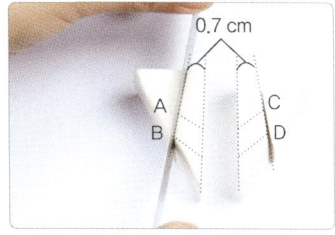

④ 중심선에서 양쪽으로 0.7 cm 들어간 지점과 B, D의 끝 지점을 연결하여 자른다.

⑤ 2번 클레이로 시트(다이얼 2)를 만든다(27쪽 시트 만드는 방법 참고).

⑥ 중심에 있는 기둥 2개에 표시한 A~D 선을 잘라서 시트 덮기 한다 (28쪽 시트 덮기 방법 참고).
*남은 기둥 2개는 ⑪에서 사용하세요.

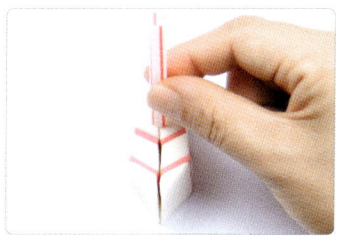
⑦ 기둥을 살짝 포개고 **빨대**를 살살 돌려서 구멍을 뚫는다.

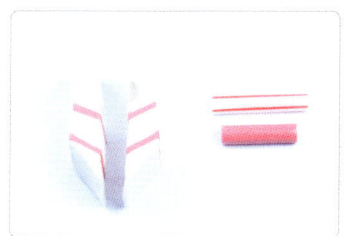
⑧ 2번 클레이로 빨대와 같은 굵기(높이 2.5cm)로 원기둥을 만든다.

⑨ 원기둥을 홈에 끼우고, 2번 시트(다이얼 ②)로 아랫면을 시트 덮기한다.

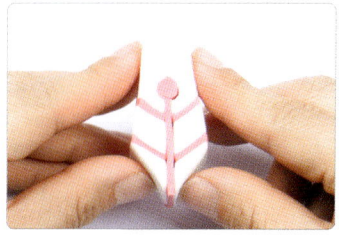
⑩ 세로선을 맞춰 조합한다.

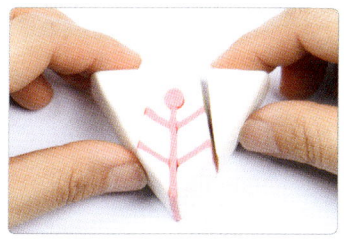
⑪ ④에서 남은 기둥 2개를 양 옆으로 조합한다.

⑫ 튀어나온 부분은 칼로 자른다.

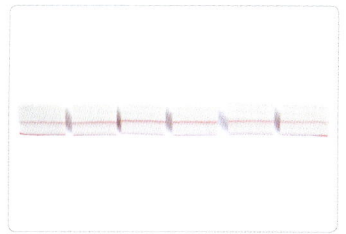
⑬ 삼각기둥을 15cm로 늘인 다음 2.5cm씩 6등분한다(150쪽 케인 늘이는 방법 참고).

⑭ 기둥을 3개씩 조합하여 마주보게 한다(31쪽 기둥끼리 조합하는 방법 참고).

⑮ 세로선이 일치하도록 조합하여 눈꽃 케인을 완성한다.

＊야광 클레이로 만든 눈꽃 케인이므로 깜깜한 곳에 두면 야광 효과가 나타나요!

44 얼굴 케인

• 재료 및 도구 : 이쑤시개, 도안(183쪽 참고)

① 2번 클레이로 원기둥(지름 0.5, 길이 2 cm)을 만들고, 1번 클레이로 시트(다이얼 ⑤) 감기 한다.

② 1번 클레이로 반원 형태의 얼굴 기둥(높이 2.5 cm)을 만든다(도안 참고).

③ 얼굴을 그려 위치를 표시한다.

④ 눈의 위치에 칼을 대고 수직으로 자른다(30쪽 기둥을 세로로 분할하는 방법 참고).

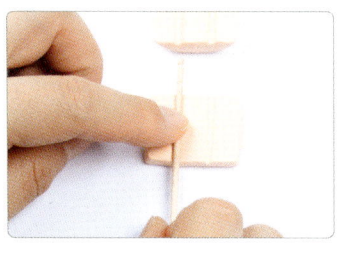

⑤ 눈기둥을 넣을 자리에 이쑤시개로 눌러서 홈을 만든다.

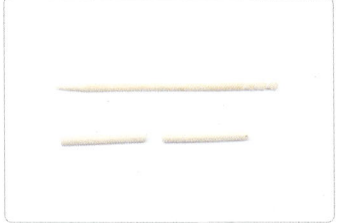

⑥ ①의 원기둥을 늘여서 이쑤시개 굵기로 높이 2.5 cm의 눈기둥 2개를 만든다.

⑦ 홈에 눈기둥 2개를 끼운다.

⑧ 2번 클레이로 너비 0.2cm의 시트(다이얼 9)를 만들어 눈기둥 사이에 붙인다(27쪽 시트 만드는 방법 참고).

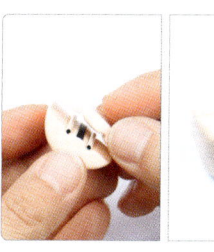

⑨ 얼굴기둥 2개를 홈에 맞춰서 조합한다.

⑩ 곡선 칼을 살짝 휘어서 입의 위치에 대고 자른다.

⑪ 2번 클레이로 너비 0.5cm의 시트(다이얼 9)를 만들어 중심에 붙인다.

⑫ 얼굴기둥 2개를 조합한다.

⑬ 2번 클레이로 얼굴 너비와 같은 크기의 시트(다이얼 1) 2장을 만들어서 포갠다.

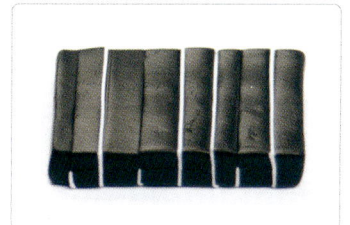

⑭ 3번 클레이로 시트(다이얼 8)를 만들어 사이사이에 시트 덮기 한다.

⑮ 얼굴기둥 위에 붙인다.

⑯ 2번 클레이로 반원 형태의 머리기둥을 만들어서 조합한다.

⑰ 둥글게 다듬어서 얼굴 케인을 완성한다.

PROJECTS

작품 만들기 전 알아두기

1. 케인 늘이는 방법

케인은 원형, 삼각형, 사각형, 육각형 등의 다양한 형태로 만들 수 있으며, 완성한 케인을 늘일 때는 케인의 중심
부분부터 시작하여 양끝 방향으로 늘인다.

원형 케인 늘이는 방법

케인의 가운데 부분을 양손으로 잡고 케인의 중심부까지 힘
이 전달되도록 힘주어 누른다(장구 모양처럼 만든다).

점차 가장자리로 옮기며 양
쪽 끝을 가운데와 동일한 굵
기로 늘인다.

바닥에 놓고 손바닥으로 굴
려서 울퉁불퉁 해진 케인을
매끈하게 다듬는다.

각이 있는 케인 늘이는 방법

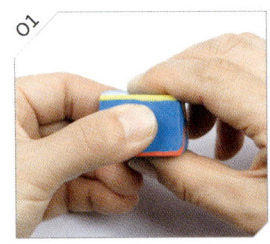 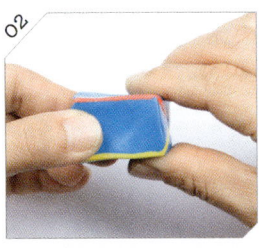 

각기둥의 중심부를 두 손으
로 엇갈려 잡고 힘을 주어
누른다.

점차 가장자리로 두 손을 옮
겨가며 양쪽 끝을 가운데와
동일한 두께로 늘인다.

바닥에 놓고 케인 모서리의 각이 반듯하게 다듬으며 01~03
과정을 반복한다.

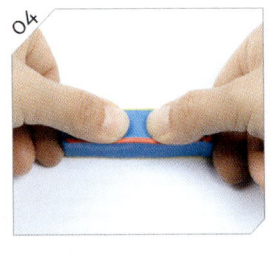 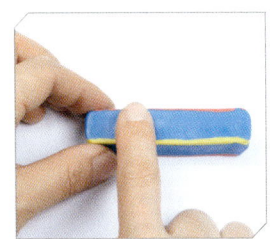

바닥에 눕힌 채로 케인의 면을 고르게 누르고, 문지르듯이
쓸어주어 평평하게 다듬는다.

*클레이 롤링 방법(26쪽)과 원기둥을 변형하여 늘이는 방법(29쪽)
으로도 케인을 늘인다. 각이 있는 케인을 늘일 때는 반드시 모서리
의 각을 잡아주면서 늘여야 한다.

2. 케인의 지름을 다양하게 만드는 방법

케인을 나눈다.

각각 필요한 지름의 길이로 케인을 롤링한다.

케인을 랩으로 감싸서 상자에 보관한다.

*완성한 케인은 시간이 지날수록 단단해져서 단면을 자를 때 갈라지는 현상이 발생한다. 이런 경우 케인을 손바닥으로 가볍게 감싸고 온기를 가한 후 길게 늘여서 사용한다.

3. 비즈에 구멍 뚫는 방법

비즈를 가볍게 잡고 봉을 살살 돌리면서 구멍을 뚫는다.

바닥에 봉이 닿으면 봉을 돌려서 빼낸다.

봉을 넣었던 반대편 홈에 다시 봉을 넣고 구멍을 마저 뚫는다.

비즈를 스텐봉에 꽂은 채로 오븐에 넣고 굽는다.

4. 작품에 질감을 표현하는 방법

칫솔, 원단, 레이스, 사포, 나뭇잎, 장판, 벽지 등 생활에서 질감을 표현할 수 있는 텍스처 도구들을 모은다.

여러 가지 텍스처 도구들을 클레이 시트 위에 찍어보면서 나만의 텍스처를 찾아본다.

단추나 칩 시트를 만들고 오븐에 굽기 전에 텍스처 도구로 질감을 표현해본다.

종이포일 사이에 칩을 넣고 다듬으면 지문을 남기지 않고 비즈의 앞면과 뒷면을 평평하게 만들 수 있다.

5. 랩을 효과적으로 사용하는 방법

칩을 랩으로 덮고 그 위에 텍스처를 표현하면 작품에 이물질이 달라붙지 않아서 좋다.

손가락에 랩을 감싼 후에 다듬으면 지문이 남지 않는다.

6. 비즈를 구울 때 필요한 거치대 만드는 방법

쿠킹포일을 이용하는 경우

자투리 클레이를 이용하는 경우

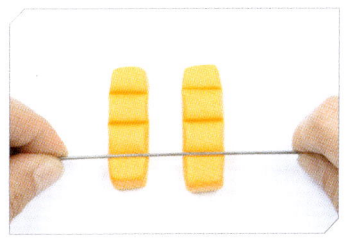

쿠킹포일을 사각기둥 형태로 접어서 사용한다.

클레이로 사각기둥을 2개 만들고 동일한 간격으로 홈을 내어 사용한다(자투리 클레이를 활용하면 좋다).

이쑤시개를 이용하는 경우

A4용지를 이용하는 경우

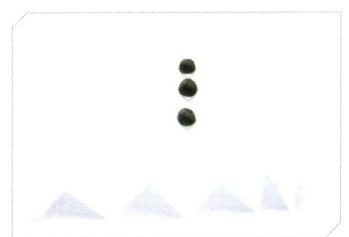

클레이(쿠킹포일도 가능)로 사각기둥을 만들고 이쑤시개로 홈을 뚫어서 사용한다.

A4용지를 부채 접기하여 사용한다.

7. 오븐 사용방법

폴리머클레이를 굽는 오븐으로는 FIMO 전용 오븐과 가정에서 사용하는 토스트용 오븐이 있다. 오븐을 구입할 때는 시간과 온도를 조절하는 2개의 다이얼이 있는지를 확인하도록 한다(전자레인지 사용 금물).

클레이 겉포장에는 클레이 굽기에 알맞은 온도와 시간이 적혀 있다. 하지만 클레이를 굽는 장소와 오븐의 화력에 따라 다소 차이가 있을 수 있으므로 작품을 굽기 전에 다음과 같은 방법으로 테스트하도록 한다.

겉포장에 굽는 온도와 시간이 적혀 있다(110℃, 30분).

자투리 클레이를 오븐에 넣어서 적정 온도와 시간을 테스트한다.

A4용지 사이에 작품을 넣고 오븐에 굽는다.

오븐에서 꺼내 식힌 다음, 두 손으로 잡고 휘어본다.

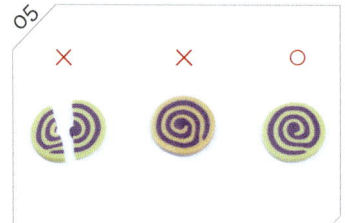

• 이때 클레이가 부러졌다면 덜 구 워진 것이다(온도나 시간을 조금 씩 높이면서 테스트한다).

• 색이 누렇게 변하거나 광택이 나 면서 밑면의 종이가 들러붙었다면 과하게 구워진 것이다(온도나 시 간을 낮추면서 테스트한다).

• 타지 않고 휘어도 부러지지 않으면 굽기에 적당한 온도와 시간이다.

*금속 반제품, 큐빅, 나무, 종이 등은 클레 이와 함께 굽는 것이 가능하나 플라스틱 제품은 클레이와 같이 구울 수 없어요.

>>> TIP **용량이 큰 오븐 사용방법**

FIMO 폴리머클레이 전용 오븐(18ℓ)   미니 오븐(12ℓ)

크기가 큰 용량의 오븐일 경우 화력이 강하기 때문에 열선 조절 다이얼로 화력의
세기를 조절할 수 있게 되어 있다. 적정한 온도와 시간을 테스트할 때는 열선의
위치를 위나 아래 중 한 곳에만 설정한 다음 작품을 열선에서 먼 위치에 놓고 시
작하도록 한다.

01 단추

• 사용한 케인 : 달팽이 케인

• 재료 및 도구 : 도트봉, 종이포일

① 달팽이 케인을 약 0.2~0.3㎝ 간격으로 슬라이스하여 칩을 만든다.

② 자르면서 찌그러진 칩의 외곽을 편다.

③ 칩을 종이포일 사이에 끼워서 평평하게 다듬는다.

④ 도트봉을 좌우로 돌리면서 구멍을 뚫는다.

⑤ 뒷면에도 다시 구멍을 뚫어서 깔끔하게 다듬고 오븐에 굽는다.

칩의 두께를 균일하게 하는 방법

칩의 두께가 균일하지 않을 때는 곡선 칼의 양 끝을 잡고 눕혀서
두꺼운 부분을 포를 뜨듯이 가볍게 깎아낸다.

라벨단추 만드는 방법

단춧구멍을 양 끝에 뚫어주면 라벨단추를 만들 수 있다.

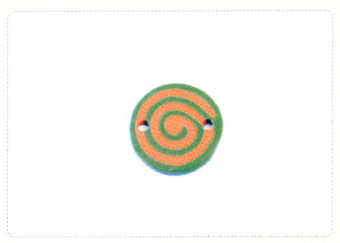

미니 전동핸드드릴을 사용하여 구멍을 뚫는 방법

① 도트봉으로 단춧구멍 위치를 표시　② 단춧구멍 위치에 드릴을 대고 구멍　③ 도트봉을 사용하여 구멍을 깔끔하
한 후 오븐에 굽는다.　을 뚫는다.　게 정리한다.

02 케인 목걸이

동글 비즈

P 4

0.1칸

• 사용한 케인 : 꽃마리 케인

• 재료 및 도구 : 스텐봉   1

① 1번 클레이로 밑구슬을 만든다.

② 케인을 슬라이스하여 칩(지름 약 0.7 cm)을 10개 정도 만든다.

③ 밑구슬 둘레에 칩을 붙인다.

④ 양쪽 손으로 엇갈려 잡고서 손가락을 떼었다 놓았다 반복하면서 비즈를 굴려 칩이 잘 접착되도록 한다.

⑤ 손바닥에 놓고 살살 굴려서 둥글게 다듬는다.

⑥ 스텐봉을 비즈의 중심에 놓고 좌우로 돌려가며 구멍을 뚫은 다음, 오븐에 굽는다.

밑구슬에 칩을 자연스럽게 붙이는 방법

① 칩을 잘라서 밑구슬에 붙인다.

② 밑구슬과 칩의 바탕이 자연스럽게 섞이도록 칼끝으로 눌러 칩의 경계선을 문지른다.

③ 볼록 튀어나온 칩은 칼로 살짝 깎아낸다.

④ 구슬을 감싸듯 가볍게 굴려서 동그랗게 만든다.
* 이때 옷감, 사포, 칫솔 등으로 텍스처 효과를 줘도 좋아요.

쿠션 비즈

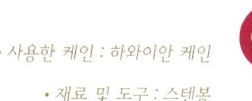

P 210

0.1칸
1

• 사용한 케인 : 하와이안 케인
• 재료 및 도구 : 스텐봉

① 1번 클레이로 밑구슬을 만든다.

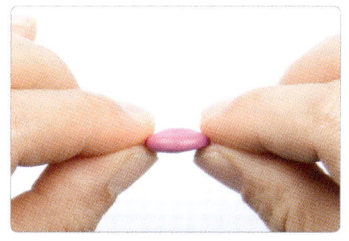

② 밑구슬을 바둑알 모양(지름 약 1.5 cm)으로 납작하게 만든다.

③ 케인을 슬라이스하여 칩(가로세로 약 1.7 cm)을 2개 만든다.

④ 밑구슬의 앞뒷면에 칩을 붙인다.

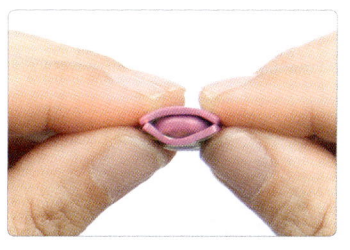

⑤ 칩의 테두리를 모은다.

⑥ 쿠션 모양으로 다듬는다.

⑦ 스텐봉을 비즈 가운데 놓고 좌우로 돌려가며 구멍을 뚫은 다음, 오븐에 굽는다.

막대 비즈

• 사용한 케인 : 회오리 케인
• 재료 및 도구 : 스텐봉, 텍스처, 도안(181쪽 참고)

P 300
0.5칸
1

P 300
0.5칸
2

① 1번 클레이로 지름 1 cm, 길이 약 4 cm의 원기둥을 만든다.

② 2번 클레이로 도안 크기대로 시트(다이얼 ⑥)를 만든다.

③ 회오리 케인을 슬라이스하여 칩(가로세로 2 cm) 4개를 만든다.

④ 시트 위에 칩을 연결하여 붙인다.

⑤ 곡선 칼로 칩의 두께가 균일하게 깎아낸다.

⑥ 칼끝으로 경계선을 문질러서 문양이 자연스럽게 연결되도록 다듬는다.

* 사포, 칫솔 등으로 텍스처 효과를 줘도 좋아요.

⑦ 도안을 대고 깔끔하게 자른다.

⑧ 칩 시트에 원기둥을 올리고 감싼다.

⑨ 원하는 길이로 잘라서 막대비즈를 2~3개 만든다.

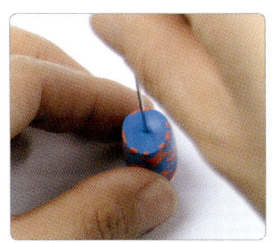

⑩ 스텐봉을 비즈 가운데 놓고 좌우로 돌려가며 구멍을 뚫은 다음, 오븐에 굽는다.

목걸이 연결하기

• 재료 및 도구 : 가죽끈이나 매듭끈 약 80 cm, 케인 비즈, 고정볼, 평집게, 순간접착제, 마감 부자재(오링 2개, 마감장식 2개, 랍스터)

① 케인 비즈를 여러 개 준비한다.

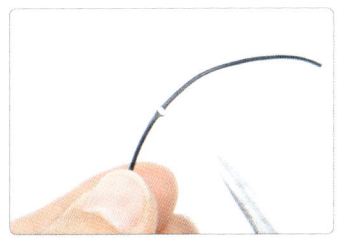

② 끈의 끝에서 5~8 cm 지점에 고정볼을 끼우고 평집게로 납작하게 누른다.

③ 끈의 반대편에서 비즈 1개를 끼운다.

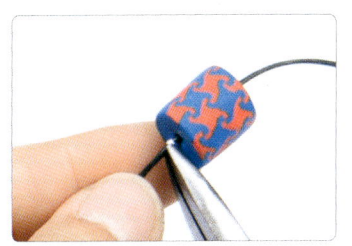

④ 고정볼을 끼우고 평집게로 납작하게 눌러 비즈를 고정한다.

⑤ ②~④를 반복하여 1~3cm 간격을 띄우면서 준비한 비즈를 끼운다.

⑥ 끈 끝에 마감장식을 끼우고 순간접착제를 살짝 바른다.

⑦ 평집게로 눌러 마감장식을 단는다.

⑧ 오링으로 랍스터를 연결하여 목걸이를 완성한다.

03 심플 팔찌와 머리핀

심플 팔찌

P 9

0.5칸

1

• 사용한 케인 : 나이테 케인

• 재료 및 도구 : 우레탄 줄, 스텐봉, 순간접착제

① 케인을 두께 약 0.4 cm 정도로 잘라서 칩(가로세로 1.2 cm 내외)을 5~6개 만든다.

② 1번 클레이를 15 cm로 늘인 다음, 1 cm씩 15등분한다(26쪽 클레이 롤링 방법 참고).

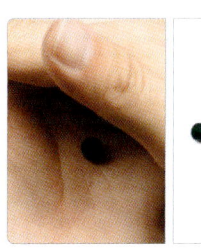

③ 손바닥으로 굴려서 구슬 15개를 만든다.

* 구슬의 개수로 팔찌 길이를 조절하세요.

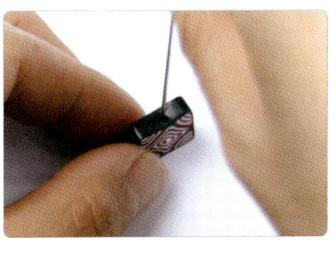

④ 스텐봉으로 칩과 구슬의 중심에 구멍을 뚫는다(151쪽 비즈에 구멍 뚫는 방법 참고).

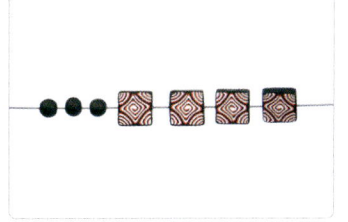

⑤ 스텐봉에 꿴 채로 오븐에서 굽는다.

⑥ 우레탄 줄에 비즈를 꿴다.

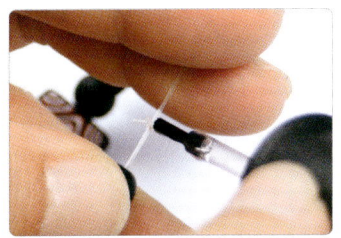

⑦ 매듭을 짓고 순간접착제를 발라 팔찌를 완성한다(TIP 참고).

우레탄 줄이 풀리지 않게 마무리하는 방법

① 양 끝의 줄을 한 번 묶는다.

② 두 번째 묶는 과정에서 원 안으로 줄을 두 번 넣고 매듭을 짓는다.

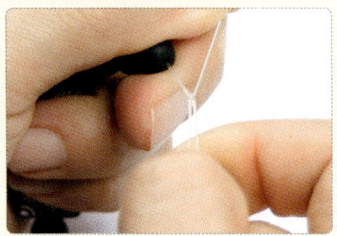

③ 줄을 사방에서 당겨 매듭을 묶는다.

④ 여유분을 약 0.2 cm 남기고 줄을 자른다.

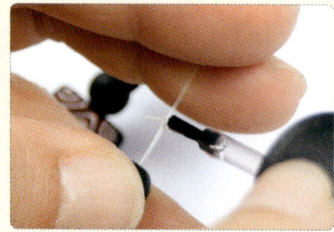

⑤ 매듭에 순간접착제를 바른다.

⑥ 매듭을 비즈 쪽으로 당겨서 비즈 속에 매듭이 숨겨지게 한다.

머리핀

P 5

0.5칸

1

• 사용한 케인 : 오렌지 케인, 골드키위 케인

• 재료 및 도구 : 수동 핀대, 텍스처 도구, 순간접착제

① 오렌지, 골드키위 케인을 두께 약 0.2cm 정도로 잘라서 각각 칩 (지름 1cm)을 1개씩 만든다.

② 오렌지, 골드키위 케인 칩을 반 으로 자른다.

③ 1번 클레이로 시트(다이얼 2) 를 만들고 텍스처를 표현한다(27쪽 시트 만드는 방법 참고).

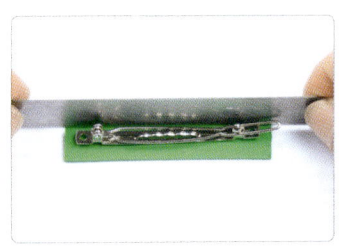

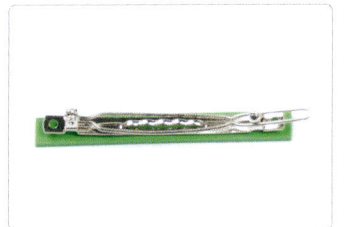

④ 핀대의 넓이보다 약간 크게 자른다.

⑤ 칩을 번갈아 올리고 손으로 눌 러서 접합한 다음, 오븐에 굽는다.

⑥ 순간접착제를 사용하여 핀대에 붙여 완성한다.

04 꼬꼬 브로치

P 9

1칸

1

• 사용한 케인 : 지그재그 케인, 캔디 케인, 사각 뜨개 케인
• 재료 및 도구 : 브로치 핀대 1개, 큐빅 1개, 순간접착제, 도안(183쪽 참고)

① 1번 케인은 가로 약 2.5 cm, 2번 케인은 가로 약 2.3 cm, 3번 케인은 가로 약 1.5 cm를 준비한다(두께 약 0.3 cm).

② 1번 케인 칩 2개를 옆으로 붙인 다음, 도안 1을 놓고 자른다.

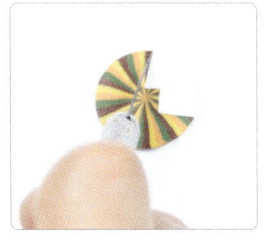  

③ 2번 케인 위에 도안 2를 놓고 자른 다음, 꼬리부분에 조합한다.

④ 3번 케인 위에 도안 3을 놓고 자른 다음, 벼슬부분에 조합한다.

⑤ 1번 클레이로 시트(다이얼 ①)를 만들어 위에 도안 4를 놓고 자른 다음, 부리부분에 조합한다.

>>> TIP 작품에 큐빅 붙이는 방법

① 작품에 큐빅을 꽂은 채로 오븐에 굽는다.

⑥ 1번 클레이로 시트(다이얼 ⑥)를 만든 다음, 칩을 올려 테두리를 자른다(27쪽 시트 만드는 방법 참고).

⑦ 1번 클레이로 테두리를 시트(다이얼 ⑥~⑧) 감기 한다(173쪽. 얼굴 1 ⑥ 참고).

② 오븐에서 꺼낸 후 칼끝을 사용하여 큐빅을 떼어낸다.

⑧ 테두리를 정리한다.

⑨ 큐빅을 눈 위치에 붙이고 오븐에서 굽는다.

③ 큐빅 부착용 연필 끝으로 큐빅의 윗면을 찍는다.
*연필이 없을 때는 면봉이나 이쑤시개 끝에 물을 묻혀서 사용하세요.

⑩ 순간접착제를 사용하여 큐빅과 핀대를 붙여 완성한다.

④ 이쑤시개로 홈에 순간접착제를 바르고 큐빅을 붙인다.

O5 별꽃 손거울

E014

2칸

• 사용한 케인 : 별꽃 케인

• 재료 및 도구 : 손거울, 순간접착제

1

① 케인을 슬라이스하여 칩 (지름 약 2cm)을 10~12개 만든다.

② 1번 클레이로 거울틀 크기의 시트(다이얼 7)를 만든다(27쪽 시트 만드는 방법 참고).

③ 시트 가운데에 칩 1개를 붙인다.

④ 나머지 칩을 가운데 칩 둘레에 붙인다.

⑤ 칩을 눌러서 높이를 동일하게 맞춘다.

⑥ 높이가 높은 칩은 칼로 포를 뜨듯이 깎아낸다.

⑦ 칼끝으로 칩과 바탕의 경계선을 문지른다.

⑧ ⑤~⑦을 반복하여 칩 시트를 다듬는다.

⑨ 칩 시트를 거울틀 크기에 맞춰서 자른다.

⑩ 남은 1번 클레이를 모아서 가운데가 볼록한 원을 만든다.
※ 거울틀의 지름보다 약간 작게 만드세요.

⑪ 칩 시트를 원 위에 붙인다.

⑫ 칩 시트의 가장자리를 뒤로 넘겨 깔끔하게 다듬는다 (가운데가 볼록한 렌즈 형태).

⑬ 틀에 끼운 채로 오븐에서 굽는다.

⑭ 순간접착제로 붙여서 손거울을 완성한다.

≫ TIP
틀에 문양을 끼우는 방법

① 칩 시트를 볼록하게 만든다(케인 시트의 둘레를 거울 틀보다 작게 오므린다).

② 틀 위에 칩 시트를 올려놓는다.

③ 칩 시트의 중심부를 살살 누르며 거울틀 테두리에 맞게 다듬는다.

≫ TIP
P0(흰색)과 E014(반투명 흰색) 클레이의 차이점

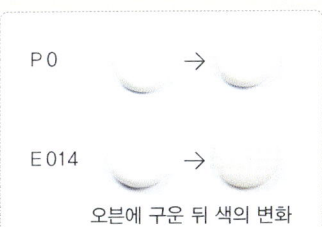

P0
→

E014
→

오븐에 구운 뒤 색의 변화

P0(흰색)과 E014(반투명 흰색) 클레이는 육안으로 보기에는 큰 차이가 느껴지지 않지만 오븐에 구우면 색의 차이를 확연하게 볼 수 있다. E014는 바탕의 색이 비춰 보이기 때문에 원근감을 표현할 수 있다.

E014(반투명 흰색)는 다른 클레이에 비해서 열에 약하기 때문에 기존에 작품을 구웠던 시간이나 온도보다 조금 낮춰서 구워야 한다. E014로 작품을 만들고 오븐에 구울 때는 작품을 굽기 전에 E014를 조금 떼어서 적정 온도와 시간을 테스트한 후 굽는다.

06 머리 방울

얼굴 1

P 9
1칸
1

• 사용한 케인 : 얼굴 케인, 겹쌓기 케인

• 도안(183쪽 참고)

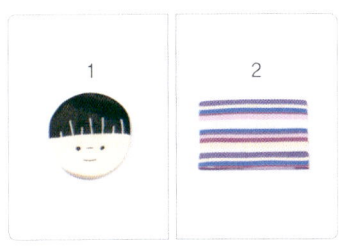

① 1번 케인은 가로 약 2 cm, 2번 케인은 가로 3 cm×세로 2.5 cm, 두께는 약 0.3 cm로 자른다.

② 앞머리를 남기고 자른다.

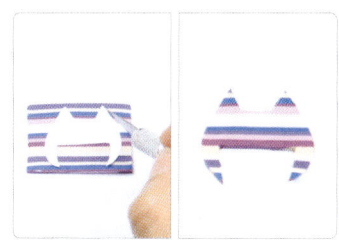

③ 2번 칩 위에 도안 1을 대고 자른다.

④ 칩 2개를 조합한다.

⑤ 1번 클레이로 시트(다이얼 ⑥)를 만들고, 칩을 올려 테두리를 따라 자른다.

⑥ 1번 클레이로 테두리를 시트(다이얼 ⑥~⑧) 감기 한다.

⑦ 테두리를 깔끔하게 다듬은 다음, 오븐에서 굽는다.

얼굴 2

P 9

1칸

• 사용한 케인 : 얼굴 케인

• 도안(183쪽 참고)   1

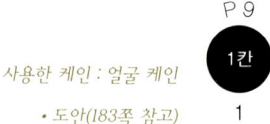

① 얼굴 케인을 약 0.3cm 두께로 자른다.

② 1번 클레이로 시트(다이얼 ①)를 만든 다음, 도안 2를 대고 자른다.

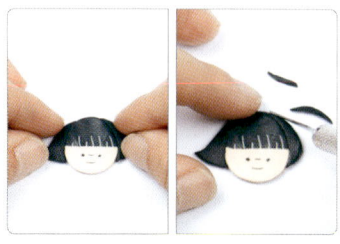

③ 칩 2개를 양 옆에 각각 조합하고 다듬는다.

④ 1번 클레이로 시트(다이얼 ⑥)를 만든 다음, 칩을 올리고 테두리를 따라 자른다.

⑤ 1번 클레이로 테두리를 시트(다이얼 ⑥~⑧) 감기 한다(173쪽 얼굴 1 ⑥ 참고).

⑥ 도트봉으로 머릿결을 표현한 다음, 오븐에서 굽는다.

하트 비즈

P 62   P 61
0.5칸   0.5칸

• 사용한 케인 : 하트 케인   1   2

① 1번 클레이로 밑구슬을 만든다.

② 케인을 슬라이스하여 칩(지름 약 1.5 cm)을 10개 정도 만든다.

③ 밑구슬에 칩을 붙인다.

④ 동그랗게 다듬는다(159, 160쪽 동글 비즈 만들기, TIP 참고).

⑤ 2번 클레이로 밑구슬을 만들고 ②~④와 같은 방법으로 하트 비즈를 만들어 오븐에 굽는다.

》》TIP 이니셜 넣는 방법

뒷면 상단에 도트봉으로 아이의 이니셜을 새기고 오븐에 구워도 좋다.

머리 방울 연결하기

• 재료 및 도구 : 얼굴 비즈 2개, 하트 비즈 2개, 머리 방울끈 2개, 순간접착제

① 방울끈 끝에 순간접착제를 바른다.

② 하트 비즈에 붙이고 다른 한 쪽에는 얼굴 비즈를 붙인다.

③ ①,②와 같은 방법으로 나머지 방울 1개도 연결하여 머리 방울을 완성한다.

APPENDIX

1. 방안지

2. 도안 모음

※ 클레이의 점도에 따라 실제의 작품과 도안의 차이가 있을 수 있습니다.

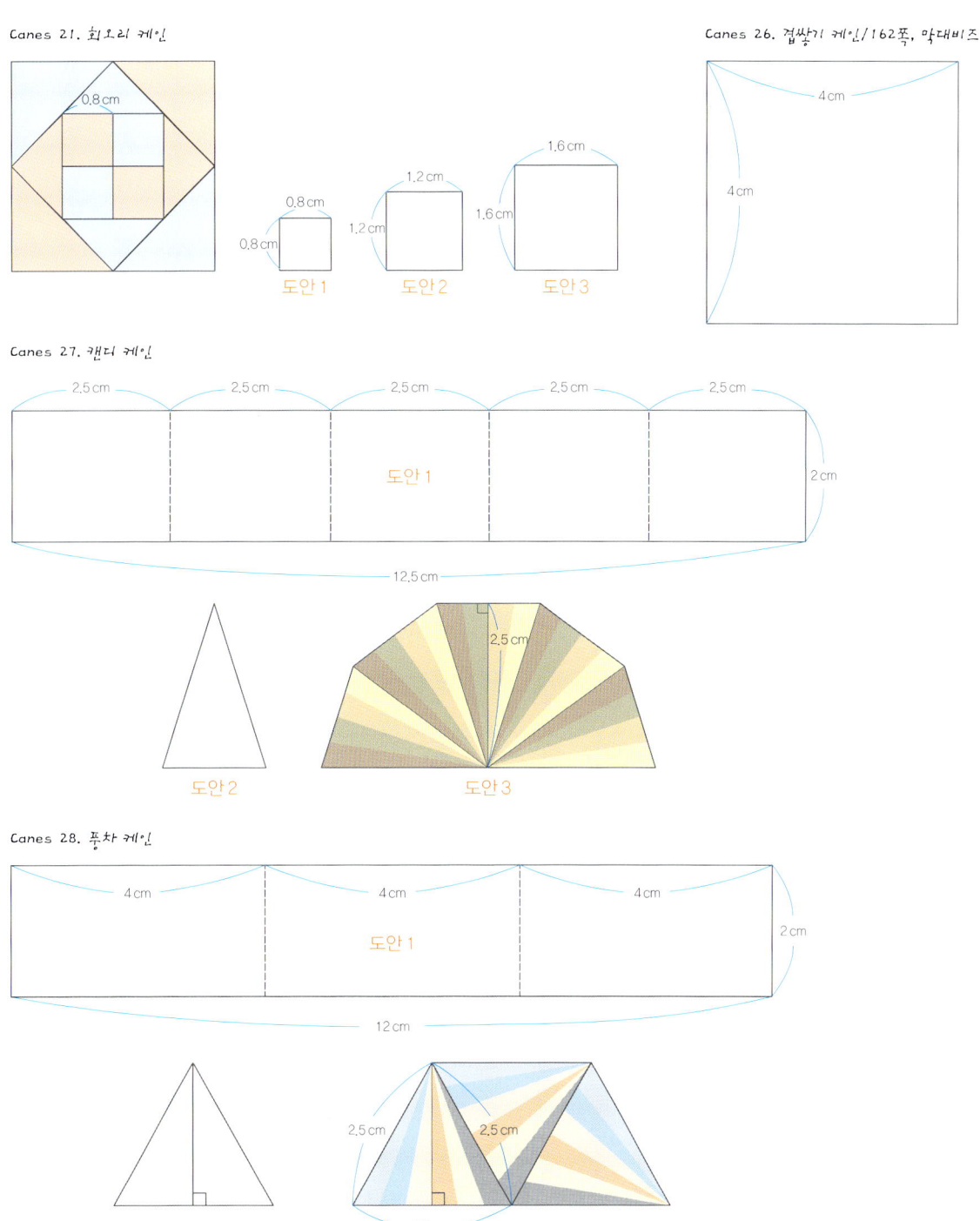

Canes 21. 회오리 케인

0.8 cm

0.8 cm
0.8 cm
도안 1

1.2 cm
1.2 cm
도안 2

1.6 cm
1.6 cm
도안 3

Canes 26. 겹쌓기 케인/162쪽, 막대비즈

4 cm
4 cm

Canes 27. 캔디 케인

2.5 cm 2.5 cm 2.5 cm 2.5 cm 2.5 cm

도안 1

2 cm

12.5 cm

도안 2

2.5 cm

도안 3

Canes 28. 풍차 케인

4 cm 4 cm 4 cm

도안 1

2 cm

12 cm

도안 2

2.5 cm 2.5 cm

2.5 cm

도안 3

Canes 29. 엮음 케인

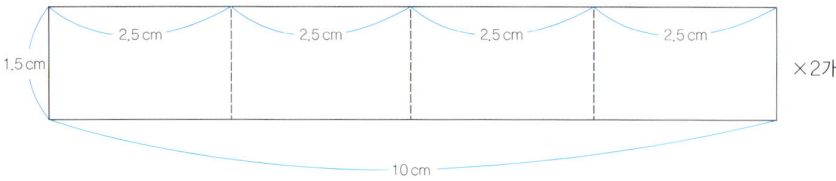

Canes 30. 햇살 케인

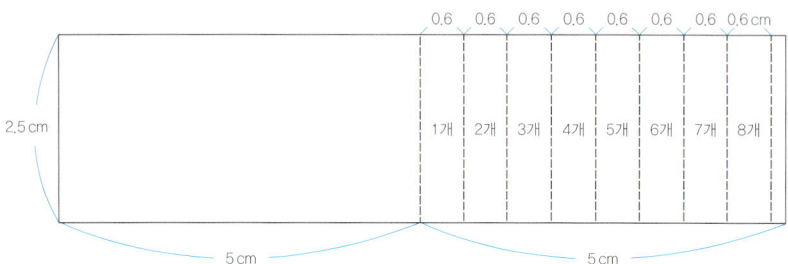

Canes 31. Y 케인

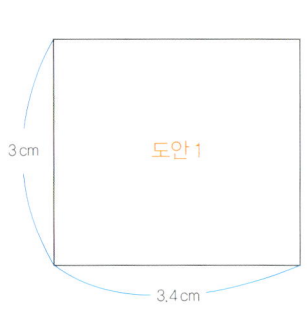
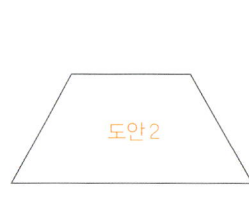
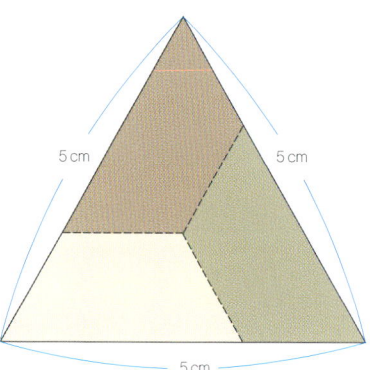

Canes 34. 지브라 케인

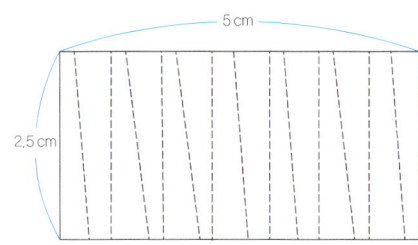

Canes 37. 장미 케인

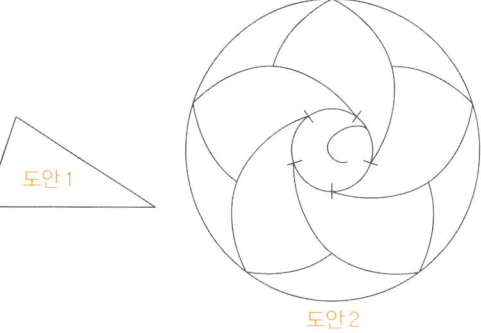

Canes 36. 나뭇잎 케인 2

182

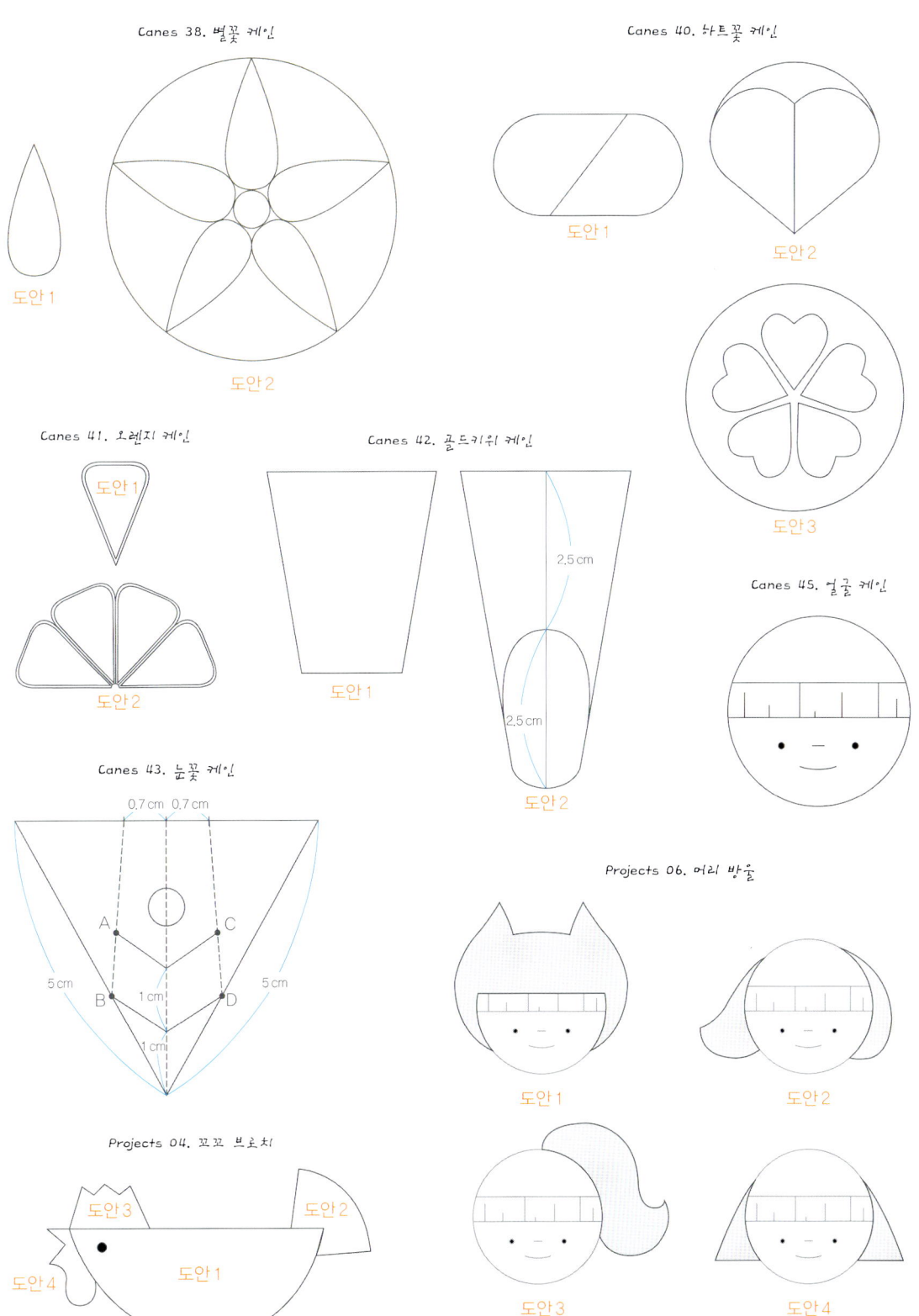

Canes 38. 별꽃 케인

도안1

도안2

Canes 40. 하트꽃 케인

도안1

도안2

도안3

Canes 41. 오렌지 케인

도안1

도안2

Canes 42. 골드키위 케인

도안1

2.5 cm

2.5 cm

도안2

Canes 45. 얼굴 케인

Canes 43. 눈꽃 케인

0.7 cm 0.7 cm

A   C

5 cm   5 cm

B   1 cm   D

1 cm

Projects 06. 머리 방울

도안1

도안2

Projects 04. 꼬꼬 브로치

도안3

도안2

도안4

도안1

도안3

도안4

Recommendations

수호비 작가님의 작업과 정성이 오롯이 담긴 《수호비의 폴리머클레이》는 많은 사람들에게 참된 가치로서 사랑을 듬뿍 받을 것이다. 폴리머클레이를 시작하고자 하는 이들에게 이 책만큼 도움이 되는 책은 없을 것 같다.

| 창작벽화가, 황성보 |

2010년 7월 31일은 수호비가 (사)한국 폴리머클레이 공예협회 전문강사 자격시험을 치렀던 날이다. 어제인 듯 느껴지는 그때, 그날이 벌써 6년이나 흐른 시간이라는 게 문득 새삼스럽다. 준비하고 계획한 끝에 멋지게 펼쳐 보이게 된 그녀의 열정, 솜씨, 용기에 박수를 보내며, 이 책을 통해 '폴리머클레이아트'를 바라보는 새로운 시각이 생겼으면 좋겠다.

| (사)한국 폴리머클레이 공예협회 회장 · 폴리수 대표,
박수행 |

수호비님의 섬세하고 아름다운 작품을 볼 때면 늘 마음의 위로를 받는 느낌이 든다. 《수호비의 폴리머클레이》를 통해 그녀의 멋진 작품을 함께 만들어볼 수 있다니 생각만 해도 설레고 행복하다. 폴리머클레이에 관심 있는 많은 분들께 사랑받는 책이 될 거라 믿는다.

| 손뜨개인형 작가 로로, 최혜리 |

잘 구워진 쿠키처럼 달그락거리던 그녀의 꽃단추를 손안 가득 받아들곤 행복하고 설렜던 그때가 아직도 생생하다. 공예와 예술을 넘나드는 멋진 작업을 하고 있는 그녀가 드디어 책을 낸다.
《수호비의 폴리머클레이》는 폴리머클레이 초보자들에게 분명 유익한 참고서가 되고도 남을 것이다.

| 수제인형 작가 마미맘, 최숙경 |